LEKTÜRESCHLÜSSEL
FÜR SCHÜLERINNEN UND SCHÜLER

Gerhart Hauptmann
Bahnwärter Thiel

Von Mario Leis

Reclam

Dieser Lektüreschlüssel bezieht sich auf folgende Textausgabe:
Gerhart Hauptmann: *Bahnwärter Thiel. Novellistische Studie.*
Stuttgart: Reclam, 2001 [u. a.]. (Universal-Bibliothek. 6617.)

RECLAMS UNIVERSAL-BIBLIOTHEK Nr. 15314
2003 Philipp Reclam jun. GmbH & Co. KG,
Siemensstraße 32, 71254 Ditzingen
Druck und Bindung: Kösel GmbH & Co. KG,
Am Buchweg 1, 87452 Altusried-Krugzell
Printed in Germany 2019

ISBN 978-3-15-015314-7

Auch als E-Book erhältlich

www.reclam.de

Inhalt

1. Erstinformation zum Werk

In seinem 1937 erschienenen autobiografischen Text *Das Abenteuer meiner Jugend* berichtet Gerhart Hauptmann rückblickend über den Entstehungszeitraum des *Bahnwärter Thiel* (1888): »Während mein zweiter Sohn geboren wurde, schrieb ich an einer Novelle *Bahnwärter Thiel*, die ich im späten Frühjahr beendete. Sie wurde von Michael Georg Conrad in München erworben und in seiner Zeitschrift abgedruckt. Damit war ich als Schriftsteller in die Welt getreten.«[1]

Mit dem Erscheinen des *Bahnwärter Thiel* leitet Hauptmann, neben Autoren wie Arno Holz und Johannes Schlaf, die literarische Moderne in Deutschland erfolgreich ein.

Was war das Neue am *Bahnwärter Thiel*? Der Autor provozierte sein Publikum in ungewohnter Weise. Für das Bürgertum war die – zumindest nach außen hin – harmonisch funktionierende Familie das Fundament der Gesellschaft gewesen. Die Titelfigur dieser »Novellistischen Studie« aber, der Bahnwärter Thiel, zerstört dieses Weltbild mit dem Mord an seiner Frau Lene und ihrem gemeinsamen Sohn; nach der Tat verfällt er in Wahnsinn.

Familienkritik

Dramaturgisch geht der Autor geschickt vor: er konfrontiert zu Beginn des Textes den Leser mit der wohlanständigen Fassade des braven Kleinbürgers; schon der erste Satz der Novelle verdeutlicht beispielhaft die Normalität der Ausgangssituation: »Allsonntäglich saß der Bahnwärter Thiel in der Kirche zu Neu-Zittau« (3). Im Verlauf der No-

Braver Kleinbürger Thiel

velle bricht dann *ein* Stück nach dem anderen aus dieser Fassade heraus, und der Leser bemerkt mit zunehmendem Unbehagen, ja Entsetzen, wie der seinen Trieben unterworfene Thiel und seine Familie immer unausweichlicher ihrem Verhängnis entgegentreiben.

Auch wenn Thiels Familie nur dem untersten Kleinbürgertum angehört, traf Hauptmanns düstere Schilderung doch ebenso die bürgerliche Gesellschaftsschicht, wurde ihr hier doch ein Spiegel vor Augen gehalten.

Ein Kleinbürger als »Held«

Neu war auch das Personeninventar der Novelle: »Ohne Zweifel ist die Wahl eines kleinen Bahnwärters zum ›Helden‹ einer tragischen Erzählung in dieser Zeit nicht nur eine ästhetische Provokation, sondern auch eine indirekte politische Parteinahme für die ›Unterdrückten‹ und ›Ausgebeuteten‹.«[2] Bisher wurden, mit Ausnahme einiger Schelmenromane, in der deutschen Literatur nur Adelige oder Bürgerliche dargestellt; das Schicksal der untersten Gesellschaftsschichten war ausgeschlossen und nicht literaturfähig. Hauptmann jedoch stellt dieses Milieu präzise dar, auch sprachlich. Er gibt die Umgangssprache und den Jargon wirklichkeitsgetreu wieder. Gegen den so genannten guten Geschmack und bürgerliche Kunstauffassungen ist Hauptmanns erzählte Wirklichkeit fast deckungsgleich mit dem sozialen Milieu seiner Protagonisten. So wird deutlich, dass Thiel durch sein soziales Umfeld, die Zeitumstände und seine Herkunft in seinem Handeln bestimmt wird.

Die Umgangssprache wird literaturfähig

Der Autor beschreibt Thiels Zerfallsgeschichte über weite Strecken objektiv; in der Novelle gibt es daher keine moralische Instanz, die Thiels Verhalten wertet, kritisiert oder verurteilt. Die Leser müssen sich selbst ein Urteil bilden. Daraus folgt, dass es viele individuelle Lesarten des Textes gibt. Sie werden sogar potenziert, weil Hauptmann sowohl traditionelle als auch moderne ästhetische Programme in sein Werk integriert. So finden wir realistische, romantische und naturalistische Anleihen im *Bahnwärter Thiel*; außerdem deutet sich schon der Expressionismus und Surrealismus an. Diese Mischung erschwert nicht selten die präzise Einordnung des Textes, schafft allerdings auch den Reiz, neue Verstehenshorizonte zu eröffnen. Der vorliegende *Lektüreschlüssel* bietet eine erste Orientierung an.

Wertneutrale Beschreibung

2. Inhalt

Bahnwärter Thiel: Treuer Staatsdiener und Ehemann

Bedrohliche Technik

Der auktoriale (allwissende) Erzähler beschreibt auf den vierzig Seiten der Novelle etwa zehn Jahre aus Thiels Leben. In diesem Zeitraum leistet der fromme Bahnwärter, der jeden Sonntag in die Kirche geht, seinen Dienst gewissenhaft ab. Nur zweimal kann er ihn nicht ausüben, weil er durch ein Stück »Kohle« und eine »Weinflasche« (3), die von den vorbeifahrenden Zügen herabfielen, verletzt wird.

Thiel heiratet

»Eines schönen Tages« (3) taucht an Thiels Seite die schmächtige und »kränklich« aussehende Minna auf. Sie scheint, wie die Kirchengemeinde meint, nicht »zu seiner herkulischen Gestalt« (3) zu passen. Trotzdem heiraten beide, nach nur zwei Jahren stirbt seine Gattin im Wochenbett. Ihr gemeinsames Kind, Tobias, überlebt. Ein Jahr nach Minnas Tod verheiratet Thiel sich erneut, und zwar mit Lene, »einem dicken und starken Frauenzimmer, einer Kuhmagd« (4).

Ehezwänge

Thiel heiratet Lene, wie er dem Pastor berichtet, aus einem ganz pragmatischen Grund: »Mit der Toten kann ich nicht wirtschaften [...]! Der Junge geht mir drauf, Herr Prediger« (4). Die zweite Ehefrau erweist sich dann auch, wie von

Thiel erhofft, als »eine unverwüstliche Arbeiterin« (5). Doch schnell zeigt sich, dass seine Wahl keine gute war, denn seine Frau besitzt eine »harte, herrschsüchtige Gemütsart« (5), obendrein ist sie zanksüchtig und brutal leidenschaftlich. Thiel erträgt scheinbar phlegmatisch die hysterischen Ausfälle Lenes, nur wenn Tobias von Lene Unrecht geschieht, vermag sich Thiel zu wehren. Doch nach einem Jahr Ehe gibt der Bahnwärter auch diesen Widerstand auf. Stattdessen erhebt er sein einsames Bahnwärterhäuschen zu einer Art Erinnerungskapelle an seine verstorbene Frau. Hier kann er sich ungestört dem geistigen Verkehr mit ihr hingeben, was »seine mystischen Neigungen« (8) fördert.

Lene unterdrückt Thiel

Tobias bleibt in seiner Entwicklung zurück, im zweiten Lebensjahr lernt er nur ein wenig sprechen und gehen. Als der Junge sich jedoch besser verständigen kann, erwacht Thiels Liebe zu ihm von neuem, in den Monaten zuvor galt sie vor allem Lene. Sie ist deshalb eifersüchtig auf Tobias und straft ihn fortan mit »Abneigung« (9).

Tobias, ein Spätentwickler

Ein Jahr später bringt Lene einen Jungen zur Welt: »Von da ab begann für Tobias eine schlimme Zeit« (9). Er wird von der Stiefmutter ausgenutzt, wobei er körperlich zusehends verfällt. Die Dorfbewohner, die dieses Elend hinter ihren Fenstern beobachten, machen Thiel durch »Winke« darauf aufmerksam, doch er scheint »keine Augen« (9) dafür zu haben.

Lenes Kind wird geboren

»Vater Thiel«

An einem Junimorgen empfängt Lene ihren Gatten, der gerade von seinem Dienst nach Hause kommt, äußerst missgelaunt, weil der Familie Thiel der »Pachtacker, welcher bisher den Kartoffelbedarf der Familie gedeckt hatte« (10), gekündigt worden ist. Doch der Bahnwärter hat zur Überraschung Lenes schon ein neues Stück Land. Sein Bahnmeister hat es ihm überlassen, und es liegt in der Nähe von Thiels Wärterhäuschen. Die überglückliche Lene »schoss [...] davon, um die Neuigkeit im Örtchen auszusprengen« (11).

Verlust des Pachtackers

Nach dem Mittagessen geht Thiel mit seinem Sohn an die nahe gelegene Spree und spielt dort mit ihm und den anderen Dorfkindern. Er ist beliebt bei ihnen: »Die Kinder besonders hingen an ihm, nannten ihn ›Vater Thiel‹ und wurden von ihm in mancherlei Spielen unterrichtet« (12). Doch diese Idylle währt nicht lange: Am späten Nachmittag macht sich Thiel auf den Weg zu seinem Dienst, als ihm plötzlich einfällt, dass er sein Brot vergessen hat; und weil er nicht auf es verzichten möchte, marschiert er zurück in das Dorf. Schon als er sich seinem Haus nähert, hört er von weitem seine keifende Ehefrau. Thiel schleicht sich an das Gebäude heran und wird Zeuge, wie sein Sohn brutal beschimpft und gezüchtigt wird. Als er in das Zimmer eintritt, kann er sich trotz angestauter Wut nicht gegen seine Frau durchsetzen. Im Gegenteil: Lene redet ihm ein schlechtes Gewissen ein, weil er ihre Tat belauscht hat. Schließlich kapituliert der Bahnwärter. Tobias sitzt weinend in einer Ecke, sein Va-

Thiel, der Kinderfreund

Tobias' Demütigung

ter schenkt ihm keinen Blick. Das vergessene Brot in der Hand, macht Thiel sich kommentarlos auf den Weg zu seinem Streckenhäuschen.

Innere Unruhe

Als Thiel mit einer viertel Stunde Verspätung seinen Dienst antritt, richtet er sich für den Abend das Wärterhäuschen her und schließt für den herannahenden Zug aus Breslau vorschriftsmäßig die Schranken. Um seine innere Unruhe zu dämpfen, begibt er sich zu dem neuen Acker und beginnt, ihn umzugraben. Doch nach kurzer Zeit wird ihm bewusst, dass demnächst Lene in sein geliebtes Reich eindringen wird: »Und jäh verwandelte sich seine Freude über den Besitz des Ackers in Widerwillen« (21). Thiel bricht die Arbeit ab und versinkt, in seiner Bude angekommen, »in dumpfe Grübelei« (21). Schließlich schläft er ein, und in einer Traumvision erscheint ihm Minna und wendet sich von ihm ab.

Drohende Gefahr

Zugunglück

Am nächsten Abend bahnt sich Unheil an: Lene verkündet ihrem Mann, »dass sie am folgenden Morgen mit nach dem Walde gehen werde, um das Land umzugraben und Kartoffeln zu stecken« (27). Thiel reagiert verwirrt, bleibt aber stumm.

Am nächsten Morgen bricht die Familie zu Wärterhäuschen und Acker auf. Der Bahnwärter ist übel gelaunt, weil

Lene betritt Thiels »geheiligtes Land«

es ihm nicht gelingt, Lene von seinem Heiligtum fernzuhalten. Allerdings findet er keine nachvollziehbaren Gründe, diesen Besuch zu vermeiden, obendrein freut sich Tobias auf den Ausflug.

Lene begibt sich sofort an die Arbeit, sie gräbt den Acker zügig um, während Thiel seinem Sohn die Strecke zeigt, die er zu beaufsichtigen hat. Nach dem gemeinsamen Mittagessen im Streckenhäuschen muss Tobias den Säugling beaufsichtigen, während seine Stiefmutter Kartoffeln steckt und Thiel sich auf seinen Posten begibt. Er ruft ihr noch zu, sie möge aufpassen, dass Tobias »den Geleisen nicht zu nahe kommt« (31).

Der Bahnwärter erwartet den schlesischen Schnellzug an den Schranken, und von dort wird er Zeuge, wie Tobias vom Zug erfasst wird. Lene ist für dieses Unglück verantwortlich, weil sie ihren Stiefsohn nicht beaufsichtigt hat. Nachdem der halbtote Junge von Lene und einigen Männern abtransportiert worden ist, kehrt Thiel in sein Wärterhäuschen zurück und versieht unter größter Selbstüberwindung seinen Dienst. Als er die notwendigen Handgriffe erledigt hat, um die Durchfahrt eines Personenzuges zu sichern, bricht er ohnmächtig zusammen.

Zugunglück

Doppelmord

In den kommenden Stunden malt Thiel sich aus, was mit Tobias geschieht; er ahnt bereits, dass er nicht überleben wird. Halb besinnungslos vor Angst und Sorgen, verlässt er seinen

Morddrohung

Posten, irrt auf der Bahnstrecke durch den Wald und spricht mit seiner toten Frau; er möchte Lene töten: »mit dem Küchenbeil will ich sie schlagen, und da wird sie verrecken« (37).

Sein Hass richtet sich auch auf den Säugling, den er wenig später in dem Kinderwagen findet; wutentbrannt und außer sich würgt er sein Kind, lässt jedoch im letzten Augenblick von ihm ab. Kurz danach erfährt er, dass Tobias tot ist; wieder bricht er ohnmächtig zusammen. Er wird in sein Haus gebracht, Lene ist wie umgewandelt: »Sie war überhaupt eine andre geworden. Nirgend eine Spur des früheren Trotzes« (42).

Lenes Wandlung

Als mehrere Männer einige Stunden später mit der Kinderleiche an Thiels Haus kommen, finden sie die Haustür offen. Als die Streckenarbeiter eintreten, entdecken sie Schreckliches. Mutter und Kind liegen mit eingeschlagenem Hirn bzw. durchgeschnittener Kehle im Zimmer. Der Mörder, Thiel, ist verschwunden, erst am nächsten Morgen wird er an der Unglücksstelle entdeckt, er ist wahnsinnig geworden. Thiel wird schließlich, nachdem er einen Tag im »Berliner Untersuchungsgefängnis« inhaftiert war, »nach der Irrenabteilung der Charité überführt« (43).

Doppelmord

3. Personen

Thiels Charakter

Bahnwärter Thiel. Thiel, nach dem die »Novellistische Studie« betitelt ist, wird als phlegmatischer, gottesfürchtiger, eigenbrötlerischer, pflichtbewusster, gutmütiger und körperlich kräftiger Mann beschrieben. Im Widerspruch zu seiner kräftigen Gestalt stehen seine Willensschwäche und Passivität, beide dominieren sein Verhalten maßgeblich.

Kontaktarmut

Sein Kontakt zu Mitbürgern beschränkt sich auf ein Minimum, mit den Bahn- und Telegraphenarbeitern, dem Förster, dem Hilfswärter und den Dorfbewohnern wechselt er nur wenige Worte, der sonntägliche Kirchgang integriert ihn nicht, wie zu erwarten wäre, in die Gemeinschaft. Lediglich mit Kindern redet er häufiger. Seine Kontaktarmut fördert seine soziale Isolierung, Probleme vermag er nur mit sich selbst – mehr oder weniger irrational – auszutragen, das führt schließlich zur Katastrophe.

Als Bahnwärter gehört er dem Kleinbürgertum an, in ihm bleibt er mit seiner Denk- und Lebensweise über weite Strecken verhaftet. Seine Arbeit erledigt er ohne Aufregung pedantisch und »mechanisch« (18). Ebenso geordnet ist seine erste Ehe. Doch nach Minnas Tod verändert sich Thiels Verhalten grundlegend, auch wenn die »Leute versicherten, kaum eine Veränderung« (4) an ihm wahrgenommen zu haben.

Sexuelle Abhängigkeit

Thiel, der sexuell von Lene abhängig ist, kann sich nicht gegen seine zweite Ehefrau durchsetzen, das belastet ihn erheblich. Da er einer offenen Auseinandersetzung mit Lene nicht gewachsen ist, kompensiert er seine Ängste und Schuldgefühle auf andere Art: Er genießt die Stunden auf seinem einsamen Arbeitsplatz. Seine »mystischen Neigungen« (8) spenden ihm dabei Trost, dazu gehört vor allem die Verehrung seiner verstorbenen Frau.

Thiel ist nicht in der Lage, seine Probleme sprachlich zu reflektieren. Stattdessen verliert er sich in seine Schuldgefühle: »Mitleid und Reue ergriff ihn sowie auch tiefe Scham« (22). Als Tobias verunglückt, kann er seine Ängste und seine Trauer nicht sprachlich ausdrücken, vielmehr ist es bezeichnend, dass er in Ohnmacht fällt: »Am Ende sah er nur noch den zerschlagenen Jungen mit dem blutigen Munde. Dann wurde es Nacht« (35). Als die Katatstrophe mit dem Mord ihren Höhepunkt erreicht, bleibt Thiel als letzter Ausweg nur noch die Flucht in den bewusstseins- und sprachlosen Wahnsinn.

Thiels Sprachlosigkeit

Minna. Der Autor entwirft für Thiel ein differenziertes Psychogramm, Lene und Minna sind dagegen weitaus weniger komplex dargestellt. Beide entsprechen typischen, nahezu standardisierten Frauenbildern aus dem zeitgenössischen Trivialroman.

Anleihen aus dem Trivialroman

Der Erzähler beschreibt Minna in wenigen Worten, sie ist »kränklich« (3) und schmächtig, über ihr Innenleben erfährt der Leser nichts.

Die zweijährige Ehe mit Thiel wird in einem Absatz (vgl. 3) kurz beschrieben. Diese Zeit war, so kann vermutet werden, für beide eine glückliche. Nicht umsonst stilisiert der Bahnwärter Minna nach ihrem Tod zu seinem gelieb-

Glückliche Ehe mit Minna

ten Geschöpf, das ihm hilft, für einen begrenzten Zeitraum seine Schuldgefühle zu verdrängen. Thiels Verhalten ist fragwürdig, weil er seine realen Probleme mit Hilfe einer Verstorbenen lösen möchte und nicht mit seiner Familie. Minnas Präsenz erschwert Thiels Leben zunehmend. Als sie sich in einem Traum von ihm abwendet, weil er Tobias nicht angemessen vor Lene schützt, nähert sich die Familientragödie ihrem schrecklichen Höhepunkt.

Seelenlose Lene

Lene. Die körperlich kräftige Lene scheint besser zu Thiel zu passen als die schwächliche Minna: »Die frühere Kuhmagd schien für den Wärter wie geschaffen. […] Auch war ihr Gesicht ganz so grob geschnitten wie das seine, nur dass ihm im Gegensatz zu dem des Wärters die Seele abging« (5). Äußerlich haben beide Gemeinsamkeiten, aber ihr fehlt die »Seele« (5), sie ist bösartig. Das erkennen die erbosten Ehemänner des Dorfes schnell, sie sehen in Lene eine Bedrohung der althergebrachten Familienordnung, in der Frauen nur eine untergeordnete Rolle einnehmen. Sie beschimpfen sie deshalb als »Tier«, das man »kirre« machen müsse, »wenn es nicht anders ginge denn mit Schlägen« (5).

Lene unterdrückt Thiel

Gegen Lenes herrsch- und zanksüchtige Art vermag Thiel sich nicht zu wehren: »Nach Verlauf eines halben Jahres war es ortsbekannt, wer in dem Häuschen des Wärters das Regiment führte« (5). Die sexuelle Abhängigkeit ihres Gatten nutzt Lene aus, schnell gelingt es ihr, Thiel zum Schweigen zu bringen.

Lenes Verhalten verändert sich nach dem schweren Unfall: »Sie war überhaupt eine andre geworden. Nirgend eine Spur des früheren Trotzes« (42).

Opfer Tobias

Tobias. Der Junge wird Opfer der unmündigen Beziehung zwischen seinem Vater und Lene. Der sprachlich zurückgebliebene Tobias liebt seinen Vater, der aber ist nicht in der Lage, diese Gefühle auf Dauer zu erwidern.

Lene nutzt den wehrlosen Jungen aus, Tobias muss ihr Kind behüten. Er »musste ohne die geringste Belohnung [...] seine schwachen Kräfte im Dienste des kleinen Schreihalses einsetzen« (9). Tobias' Leid wird nur von wenigen schönen Stunden begleitet, so, wenn der Vater mit ihm spielt oder ihm die Bahnstrecke zeigt, die er zu beaufsichtigen hat.

Namenloser Säugling

Lenes Sohn. Thiel findet zu seinem jüngsten Sohn keinen Zugang, das wird auch durch die Namenlosigkeit des Säuglings hervorgehoben. Nachdem Tobias verunglückt ist, richtet sich seine Wut sogar kurzzeitig gegen den hilflosen Jungen: »›Stiefmutter, Rabenmutter‹, knirschte er, ›und ihr Balg lebt‹« (38).

Personenkonstellation (Strukturskizze)

Dorfkinder (Zuneigung) ↔ Thiel

Streckenarbeiter, Förster usw. (Kommunikation auf das Nötigste reduziert) ↔ Thiel

Thiel

Minna und Tobias (Liebe) ↔ Thiel

Lene und Säugling (sexuelle Abhängigkeit und Gleichgültigkeit) ↔ Thiel

4. Werkaufbau

Erstes Kapitel (3–9)

Exposition = Einleitung

Zentral in dieser Textpassage, die als Exposition dient, ist der sich entwickelnde Konflikt zwischen Thiel und Lene, er ist handlungsbestimmend für die gesamte Novelle. Um den Konflikt mit seiner Gattin zu ertragen, führt Thiel eine Doppelexistenz: einerseits die Ehe mit der dominanten Lene, von der er sexuell abhängig ist, zum anderen die platonische Verehrung der verstorbenen ersten Ehefrau. Solange es Thiel gelingt, beide Existenzweisen voneinander zu trennen, droht ihm und seiner Familie keine Gefahr. Lene darf auf keinen Fall, und das weiß der Bahnwärter, einen Fuß in sein zweites Reich setzen: »Mit Hilfe von allerhand Vorwänden war es ihm in der Tat bisher gelungen, seine Frau davon abzuhalten, ihn dahin zu begleiten« (7). Dieses hochsensible dramaturgische Potenzial bestimmt den weiteren Handlungsverlauf.

Thiels Doppelexistenz

Zweites Kapitel (10–17)

Von Lene droht Gefahr

Schon auf der ersten Seite wird deutlich, dass Thiels Doppelexistenz nicht von langer Dauer sein kann, weil er Lene einen Ersatzacker in der Nähe seines Streckenhäuschens besorgt hat. Doch der Erzähler zögert die Katastrophe noch heraus, er baut zunächst die Spannung im Mittelstück der

Novelle weiter aus. Die Beschreibung der Abhängigkeit Thiels von Lene ist ebenso minutiös wie die seiner Eigenarten. Der bedrückende Höhepunkt dieser Textpassage ist das Versagen Thiels, als es ihm nicht gelingt, Tobias vor der wutentbrannten Lene zu schützen. Der Bahnwärter ist am Ende des zweiten Kapitels Lene völlig ausgeliefert: »Leicht gleich einem feinen Spinngewebe und doch fest wie ein Netz von Eisen legte es sich um ihn, fesselnd, überwindend, erschlaffend« (17). Diesen Zustand kann Thiel nicht mehr lange ertragen, der Konflikt erreicht damit einen vorläufigen Höhepunkt.

Drittes Kapitel (17–43)

Im Verlauf der abschließenden Textsequenz nimmt Thiel allmählich krankhafte Züge an, so z. B., wenn ihm Minna als Traumgesicht erscheint. Thiel steuert endgültig auf die Katastrophe zu.

Thiels Doppelexistenz bricht zusammen, als Lene in sein »geheiligtes Land« eindringt und Tobias verunglückt. Der Konflikt entlädt sich im Doppelmord.

»Novellistische Studie«

Der *Bahnwärter Thiel* gibt mit dem Untertitel – »Novellistische Studie« – auch Hinweise zum Werkaufbau.

Novelle

Die Entstehung der Novelle fällt in die italienische Frührenaissance. Der Begriff wird von dem Wort *novella*, ›Neuigkeit‹, abgeleitet. Als bedeutendster Mitbegründer der literari-

schen Gattung gilt Giovanni Boccaccio (1313–75), seine Novellensammlung *Decamerone* wurde gattungsprägend. Seit Jahrhunderten diskutiert die Forschung, wie eine Novelle zu definieren sei. Einige der wichtigsten Hauptmerkmale, die wir auch im *Bahnwärter Thiel* finden, seien erwähnt. Zunächst handelt es sich bei einer Novelle um eine kurze Erzählung in Prosa.
Im Unterschied zum Roman finden wir in der Novelle in der Regel nur einen Handlungsstrang, dieser läuft auf einen Höhepunkt zu. Im *Bahnwärter Thiel* wird zielgerichtet über drei Kapitel hinweg der psychische und körperliche Verfall Thiels mit all seinen Implikationen geradlinig erzählt.

»Schwester des Dramas«

Zu Recht hat Theodor Storm (1817–88) die Novelle als »Schwester des Dramas« bezeichnet. Dramengleich ist schon der Aufbau des *Bahnwärter Thiel*, er beginnt mit einer Exposition, in der die Protagonisten und der zentrale Konflikt vorgestellt werden.

Der novellenspezifische Wendepunkt – hier das Eindringen von Lene in Thiels »Waldeinsamkeit« (17) – entspricht auch dem klassischen Drama, ebenso der tragische Höhepunkt im letzten Akt.

Goethes Novellendefinition

Goethe definierte 1827 die Novelle als »eine sich ereignete unerhörte Begebenheit«. In der Novelle, und das versteht Goethe unter »unerhört«, wird etwas Neues und Außergewöhnliches erzählt. Was ist das Unerhörte im *Bahnwärter Thiel*? Einmal, dass in einem literarischen Werk am Ende des 19. Jahrhunderts der Untergang eines Kleinbürgers dargestellt wird und zum anderen, dass der Familienvater Thiel Frau und Sohn umbringt.

Häufig findet man in der Novelle ein Leit- bzw. Dingsymbol, das sich durch die ganze Erzählung zieht. Nach Benno von Wiese ist die Eisenbahnstrecke das zentrale Dingsymbol in Hauptmanns Novelle: »Einmal spiegeln sich in dieser Bahnstrecke die Seelenvorgänge des Bahnwärters und seine mystischen Neigungen, zweitens spiegelt sich in ihr und durch sie die ganze, weit mehr dämonische als idyllische Natur, und drittens wird sie zum Spiegel für eine zufällige Katastrophe, die [...] ihre Zufälligkeit aber angesichts der beiden anderen Spiegelungen verliert und eine dunkle, höhere, schicksalhafte Bedeutung gewinnt.«[3]

Dingsymbol

Im Unterschied zur Tradition bezeichnet Hauptmann seinen Text nicht als Novelle, sondern als »Novellistische Studie«. Mit dem Adjektiv novellistisch verweist er darauf, dass er bewusst an die überlieferte Erzählpraxis anknüpft; mit dem Begriff Studie verdeutlicht er – in Anlehnung an die naturalistische Literatur – dass er Thiels Schicksal wissenschaftlich-objektiv dargestellt hat. Er protokolliert wie in einer wissenschaftlichen Studie jede Veränderung der Szenerie minutiös. Deshalb muss der Erzähler auf eine subjektiv-moralische Beurteilung des Geschehens verzichten, sie würde die Objektivität seiner Darstellung in Frage stellen und relativieren.

»Novellistische Studie«

Werkaufbau (Strukturskizze)

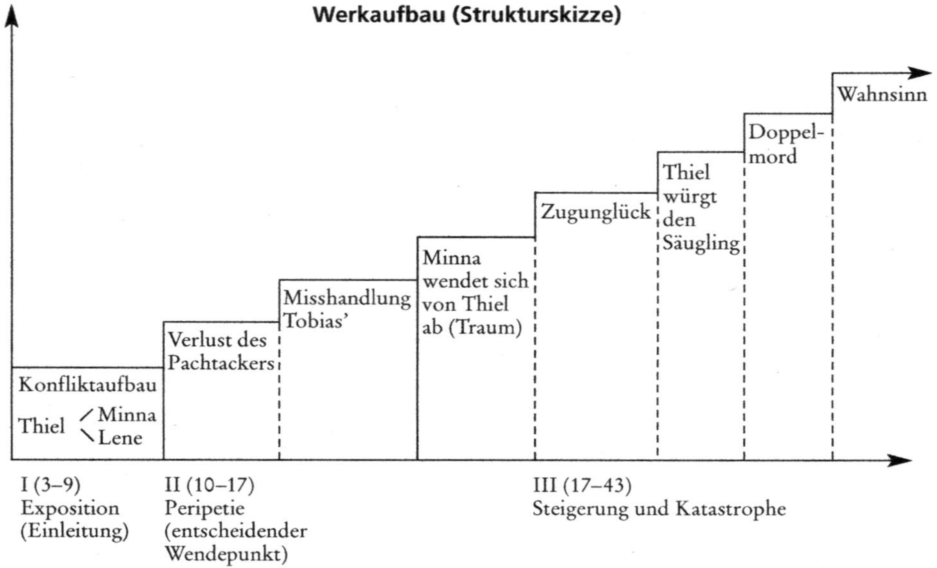

5. Wort- und Sacherläuterungen

Bahnwärter: einfacher Eisenbahnbeamter mit geringer sozialer Stellung. Zu seinen Aufgaben gehört die Bedienung einer Schranke und die Aufsicht über einen Streckenabschnitt. Seine Ausbildung erstreckt sich über sechs Monate.

Novellistische Studie: Das Adjektiv ›novellistisch‹ wird von ›Novelle‹ (ital. *novella*) abgeleitet, hier handelt es sich um ein Erzählung, in der eine »unerhörte Begebenheit« (Goethe) berichtet wird. ›Studie‹ wird abgeleitet von lat. *studium* (›Streben, Eifer, wissenschaftliche Beschäftigung‹). »Novellistische Studie« bezeichnet also keine Novelle in Reinform.

3,3 **Neu-Zittau:** Ort in der Nähe von Berlin.

3,6 **Tender:** an die Lokomotive angekoppelter Wagen, in dem Kohle und Wasser mitgeführt werden.

3,19 **Frauenzimmers:** einer Frau.

3,20 **herkulischen:** Adjektiv zu ›Herkules‹, in der griechischen Sage war H. ein Halbgott mit Riesenkräften.

3,30 **Sterbeglocke:** sie wird geläutet, wenn jemand gestorben ist.

4,17 **wirtschaften:** einen Haushalt führen.

4,21 **Wochenbett:** Frauen sollten sich nach der Geburt des Kindes sechs *Wochen* im Bett und Zimmer aufhalten.

5,22 **Regiment:** Jemand besitzt die Herrschaft über etwas.

5,24 **»das Mensch«**: abwertende Bezeichnung, vor allem auf Frauen bezogen.

5,27 **anlaufen:** auf Widerstand stoßen.

5,28 **kirre zu machen:** zahm zu machen.

5,29 **Durchgewalkt:** durchgeprügelt.

6,8 **Phlegmas:** Phlegma (griech.): Geistesträgheit, Schwerfälligkeit.

6,16 **herauskehrte:** sichtbar machte.

6,17f. **leidender Widerstand:** passiver Widerstand.

6,25 **Posten:** Ort, an dem ein Bahnwärter seinen Dienst leistet.

7,6 **besorgen:** betreuen.

7,8 **Manen:** (in der röm. Mythologie) die guten Geister der Toten.

7,14 **»Bude«:** Hütte, Wärterhäuschen.

8,2 **Ekstase:** rauschhafter Zustand, in dem der Mensch die Kontrolle über das normale Bewusstsein verliert.

8,6 **mystischen:** geheimnisvollen.

8,8 **vier Windrichtungen:** vier Himmelsrichtungen.

8,11 **Barrieren:** Schlagbäume, Schranken, Sperren.

8,18 **Einöde:** Einsamkeit.

8,25 **Streckenrevision:** Überprüfung der Strecke, Thiel führt sie dreimal täglich durch.

8,29 **Fontäne:** Wasserstrahl, vor allem bei Springbrunnen.

9,21 **aufrieb:** verausgabte, überanstrengte.

9,22 **kreidige:** weiß wie Kreide.

10,4f. **lamentieren:** jammern, laut klagen.

10,9f. **Obliegenheiten:** Pflichten.

10,12f. **schweres Geld:** viel Geld.

10,31 **vorberegte:** vorher erwähnte.

10,33 **Bahnmeister:** Vorgesetzter der Bahnwärter.

11,14 **auszusprengen:** zu verbreiten.

11,21 **stereotyp:** feststehend, ständig wiederkehrend.

12,7f. **der mit den Fingern Kalk … steckte:** Tobias leidet wegen der unzureichenden Ernährung an Kalkmangel.

12,20 **schnitzelte:** schnitzte.

Fitschepfeile: Rohrpfeile.

12,22 **Weidenpfeifchen:** Pfeife aus Weideästen.
12,26 **Läppschereien:** kindisches Verhalten.
13,9 **Pferdezahn:** Im Aberglauben spielen Pferdezähne eine wichtige Rolle, sie werden u. a. zur Abwehr von allem möglichen Übel in der Tasche getragen.
13,15 **Etikette:** Zettel, Schildchen mit einer Aufschrift.
13,20 **dreiviertel fünf:** 16.45 Uhr.
13,34 **aufbehalten:** nicht gefällt.
14,25 **Kossätenhofes:** Hof eines armen Bauern.
15,11 **das ... Wurm:** Säugling.
Plautze: Lunge.
15,17 **Grünschnabel:** unreifer Mensch.
15,19 **Jammerlappen:** schwacher Mensch, der sich ständig beschwert.
16,7 **hämischer:** boshafter.
16,11 **Göre:** im Singular meist: Mädchen, im Plural: Kinder, hier abweichend: Junge.
16,27 **anzulassen:** zu schelten.
17,16 **erschlaffend:** schlaff machend.
17,30f. **schwindsüchtig:** lungenkrank, tuberkulosekrank.
18,3 **Plattform:** Terrasse.
18,14 **Steingebauer:** Käfig aus Stein (weil das Wärterhäuschen sehr eng ist).
18,24 **Schraubstock:** langer Schraubenschlüssel.
18,30 **abgelassen:** abgefahren.
18,32 **Patronentasche:** Tasche mit Knallpatronen; sie wurden bei schlechter Sicht zusätzlich – neben den Signalen – als Haltesignal genutzt.
19,6 **Sperrstange:** Barriere.
19,27 **Säulenarkaden:** (frz.) *arcade*, Bogen; hier: Die Bäume bilden einen Bogengang.
19,33 **Schäfte:** glatte, astlose Stämme.

20,12 **Reitergeschwaders:** militärischer Ausdruck, größere Formation von Reitern.

22,20 **Unterlassungssünden:** Sünden, die durch das Nichttun des Gebotenen begangen werden.

25,10 **Blutregen:** Aufgewirbelter roter Staub kann mit dem Regen auf die Erde fallen, dieser ist dann rot. Blutregen gilt seit der Antike als unheilverkündendes Zeichen.

25,27 **revidieren:** überprüfen.

25,30f. **Zwielicht:** Licht zwischen Tag und Nacht.

26,2 **hie:** hier.

26,17f. **Farrenkräuter:** Farnkräuter.

26,18 **feingeklöppelten:** Klöppeln heißt das Herstellungsverfahren von Spitzen.

26,19 **Flechten:** moosartiger Pflanzenbelag.

27,18 **Talglichtes:** Kerze aus tierischem Fett.

27,19 **aufzunesteln:** aufzuschnüren.

28,6 **stichhaltigen:** nachvollziehbaren.

29,29 **sonore Choräle:** klangvolle, volltönende Kirchengesänge.

30,13 **Haines:** kleinen Waldes.

31,3f. **drolligen Grimassen:** lustigen, komischen Fratzen.

31,7 **aufgeräumt:** zunächst für aufgeräumte Zimmer gebraucht, dann auf den Menschen übertragen: gut gelaunt.

31,17 **warte:** pflege, betreue.

31,27 **Maschinenschlote:** Schornstein der Lokomotive.

32,12 **Zugführer:** einfacher Beamter, der für den ordnungsgemäßen Verlauf der Zugfahrt verantwortlich ist.

32,13 **Schaffner:** Kontrollbeamter.

32,15 **die Menge knäulte sich:** die Menge bildete eine Gruppe.

32,17 **gefällter Stier:** getöteter Stier.

32,27 **spielen:** lebhaft bewegen.

33,4 **Fez:** türkische Kopfbedeckung.
33,10f. **blutrünstig:** blutüberströmt.
33,19 **Bahnarzt:** Arzt, der für die ärztliche Betreuung der Eisenbahnarbeiter(-beamten) und deren Familien zuständig war.
33,21 **Packmeister:** der für die Packwagen verantwortliche Beamte.
33,26f. **beordert:** beauftragt.
33,31 **Coupés:** (frz.) Wagenabteile.
34,1 **Kurierzug:** Schnellzug.
37,7 **verrecken:** derb für: verenden, sterben.
37,26 **Gebein:** Knochen.
38,23 **Balg:** Schimpfwort für *Kind.*
39,12 **Loren:** offene Güterwagen der Eisenbahn.
41,4 **Ampel:** Hängelampe.
42,26f. **Schwefelholz:** Streichholz.
43,14 **Block:** Station zwischen zwei Bahnhöfen.
43,23 **requirierte Gendarm:** angeforderter Landpolizist.
43,26 **Charité:** (frz.) königliches Krankenhaus in Berlin, 1710 gegründet.

6. Interpretation

Im Zentrum der »Novellistischen Studie« steht eine ausweglose Familienstruktur, die schließlich zur Katastrophe führt. Seit Mitte des 19. Jahrhunderts wird die bürgerliche Familie in der Literatur kritisch dargestellt: »Die ›moderne‹ Dichtung – vom Naturalismus bis zum Expressionismus – wird die Zerstörung der bürgerlichen Ordnung gerade im Zentrum der bürgerlichen Institution, in der Familie, vorführen. Zerstört wurde vor allem die traditionelle Vaterautorität.«[4] Auch Thiel, der Kleinbürger, verliert seine Autorität als Familienvater.

Kritik an der bürgerlichen Familie

Mehrere Interpretationsansätze stellen den Untergang der Familie Thiel im Folgenden unter verschiedenen Blickwinkeln vor.

Lebenswichtige Ordnung versus tödliches Chaos

Thiels Leben verläuft zunächst in geregelten Bahnen, er geht jeden Sonntag in die Kirche, versieht gewissenhaft seinen Dienst, heiratet Minna und scheint glücklich zu sein. Auch die beiden Unglücksfälle vermochten nicht, »ihn, sobald er frei war, von der Kirche fernzuhalten« (3). Beide Unfälle deuten jedoch bereits an, dass Thiels Leben jederzeit von der Technik, der Eisenbahn, bedroht wird. Ebenso gefährlich ist die Dreierbeziehung Thiel – Minna – Lene.

Technik = Gefahr

Eine geordnete Lebensweise ist für Thiel überlebenswichtig, sobald diese destabilisiert wird, gerät der Bahnwärter in Gefahr. Thiels Leben ist streng geordnet, jede seiner Handlungen funktioniert mit der Perfektion einer Maschine. Bevor er seinen Dienst antritt, bereitet er sich präzise darauf vor: »in stets gleicher Reihenfolge wanderten die sorgsam auf der kleinen Nussbaumkommode ausgebreiteten Gegenstände: Messer, Notizbuch, Kamm, ein Pferdezahn, die alte, eingekapselte Uhr, in die Taschen seiner Kleider« (13). Sobald er in seinem Wärterhäuschen angekommen ist, unterwirft er sich einer strengen Prozedur: »Thiel begann wie immer so auch heute damit, das enge, viereckige Steingebauer der Wärterbude auf seine Art für die Nacht herzurichten. Er tat es mechanisch« (18). Auch der übrige Tagesablauf verläuft stets nach den gleichen Ritualen.

Ein geordnetes Leben ist überlebenswichtig

Tägliche Rituale

Als dienstbeflissener Bahnwärter hat er sich mechanisch der Uhr, der Zeit, zu unterwerfen. Die Zeit ist der unerbittliche Maßstab, nach dem er sein Leben ausrichten muss, selbst als sein Sohn überfahren wird, bleibt er ihr ausgeliefert. Nach dem Zugunglück lebt Tobias noch, vielleicht könnte schnelle Hilfe ihn retten, aber der Schnellzug, der ihn überfahren hat, transportiert ihn nicht in die nächste Stadt, da er die Verspätung aufholen muss: »Die Zeit ist kostbar. Die Pfeife des Zugführers trillert. [...] einige Sekunden, und der Kurierzug braust mit wehender Rauchfahne in verdoppelter Geschwindigkeit durch den Forst« (33 f.).

Die Uhrzeit bestimmt Thiels Leben

Thiel darf überdies den verunglückten Tobias nicht begleiten, weil er zum Dienst muss, der nächste Zug erlaubt keinen Aufschub. Nach dem tragischen Geschehen verliert die

Zerstörte Zeitordnung

Zeit sukzessiv Macht über Thiel. Als er sich bewusst wird, dass er das Unglück nicht geträumt hat, verliert nicht nur er die Fassung: »seine peinlich gepflegte Uhr fiel aus seiner Tasche, die Kapsel sprang, das Glas zerbrach« (35). Die Uhr bleibt zwar funktionstüchtig, aber Thiels Zeitordnung bekommt mit dem Zerbrechen des Uhrglases gleichfalls Risse.

Von nun an sind seine Handlungen nicht mehr kalkulierbar, zudem kann er die Welt nicht mehr realistisch wahrnehmen, »seine weit offenen Augen [machten] den Eindruck der Blindheit« (36).

War Thiel bisher ohnehin ausgesprochen wortkarg, so gelingt es ihm unter dem Eindruck des Unglücks und den ersten Anzeichen des ausbrechenden Wahnsinns nicht mehr, sich syntaktisch angemessen zu artikulieren: »Du – hörst du – bleib doch – du – hör doch – bleib – gib ihn wieder – er ist braun und blau geschlagen – ja ja – gut – ich will sie wieder braun und blau schlagen – hörst du? bleib doch – gib ihn mir wieder« (36).

Orientierungslosigkeit

Thiel verliert mit fortschreitender Verwirrung nicht nur die sprachliche Orientierung: »Alles war ihm neu, alles fremd« (37). Bisher war sein Alltag streng ritualisiert, jeder Handgriff war eingeübt, mit dem Verlust seines Ordnungssystems ist er dem Neuen schutzlos ausgeliefert. Thiel ist nicht in der Lage, sich konstruktiv mit dem Chaos, mit den neuen Gegebenheiten auseinander zu setzen, weil er unfähig ist, sich mit anderen Menschen auszutauschen. Er vereinsamt völlig: »das Schwere, Dumpfe, nur Halbbewusste, die Sprachlosigkeit dieses Mannes sind Zeichen einer ausweglosen äußeren und inneren Verlassenheit. Er lebt nicht nur durch Beruf und Armut in einer von der Welt isolierten, sondern auch innerlich in einer hilflos vereinsamten Existenz.«[5]

Weil er völlig auf sich alleine angewiesen ist, auch der Glaube an Gott vermag ihm nicht zu helfen, kann er das Chaos nicht kontrollieren: »Er wusste nicht, was das war, worauf er ging, oder das, was ihn umgab« (37). Schließlich erkennt Thiel in einem lichten Augenblick, dass er wahnsinnig wird: »Aber mein Gott, das ist ja Wahnsinn« (38). Zwar versucht er sich gegen den »neuen Feind« zu wehren, doch dies gelingt ihm nicht: »Er suchte Ordnung in seine Gedanken zu bringen, vergebens!« (38).

Außer Kontrolle

Auch vor diesem Hintergrund ist es zu erklären, dass er wenig später sogar seinen jüngsten Sohn töten möchte, um sich an Lene zu rächen. In einem fast schon bewusstseinslosen Zustand würgt er den Säugling: »er fühlte etwas Weiches, Fleischiges zwischen seinen Fingern. Gurgelnde und pfeifende Laute, untermischt mit heiseren Ausrufen, von denen er nicht wusste, wer sie ausstieß, trafen sein Ohr« (38). Schließlich kommt er wieder zu Bewusstsein und lässt von dem Jungen ab.

Mordversuch

Als Thiel vor dem toten Tobias steht, bricht er endgültig zusammen: »Es wurde dunkler« (40). In der folgenden Nacht bringt er in einem letzten Verzweiflungsakt Frau und Sohn um. Dann fällt er endgültig in den Wahnsinn, der Wärter, der ihn an den Bahngleisen findet, »bemerkte bald, dass er es mit einem Irrsinnigen zu tun habe« (43).

Sexuelle Abhängigkeit

Der Tod Minnas geht nicht spurlos an Thiel vorüber, sein geregeltes Leben verändert sich: »Die Knöpfe seiner sauberen Sonntagsuniform waren so blank geputzt als je zuvor, seine roten Haare so wohl geölt und militärisch gescheitelt wie immer, nur dass er den breiten, behaarten Nacken ein wenig gesenkt trug und noch eifriger der Predigt lauschte oder sang, als er es früher getan hatte« (4). Seine Kleidung ist nach wie vor »militärisch« geordnet, aber innerlich ist er verstört, er senkt seinen »Nacken« vor Kummer; seine Trauer möchte er durch seinen religiösen Eifer kompensieren. Doch das funktioniert nur für ein Jahr, dann sucht er für Tobias eine zuverlässige Stiefmutter, außerdem, so kann vermutet werden, bedrängt ihn seine Sexualität. Auf Dauer kann er sie nicht unterdrücken, auch nicht durch seine religiöse Hingabe. Der Pastor des Dorfes meldet nicht umsonst seine Bedenken an, er ahnt, dass der Bahnwärter nicht nur aus Sorge um Tobias heiratet (vgl. 4).

Thiel trauert

Sein Leben wird problematischer, als er die zanksüchtige Lene heiratet. Thiel verfällt ihr erotisch: »Er, der mit seinem ersten Weibe durch eine mehr vergeistigte Liebe verbunden gewesen war, geriet durch die Macht roher Triebe in die Gewalt seiner zweiten Frau und wurde zuletzt in allem fast unbedingt von ihr abhängig« (6f.).

Sexuelle Abhängigkeit

Thiel, verstört von seiner sinnlichen Abhängigkeit, flüchtet sich, von Gewissensbissen geplagt, zu seinem »Wärterhäuschen« und der »Bahnstrecke«, beide erklärt er »insgeheim gleichsam für geheiligtes Land, welches ausschließlich den Manen der Toten gewidmet sein sollte« (7). Dort kann

Thiel – in Distanz zu Lene – sein Gewissen beschwichtigen. In seiner Einsamkeit tritt er in den Dialog mit seiner verstorbenen Frau: »Eine verblichene Photographie der Verstorbenen vor sich auf dem Tisch, Gesangbuch und Bibel aufgeschlagen, las und sang er abwechselnd die lange Nacht hindurch […] und geriet hierbei in eine Ekstase, die sich zu Gesichtern steigerte, in denen er die Tote leibhaftig vor sich sah« (7f.).

Religiöser Kult um Minna

Thiel muss, um mit seinem Leidensdruck fertig zu werden, eine Doppelexistenz führen: »Dadurch, dass er die ihm zu Gebote stehende Zeit somit gewissenhaft zwischen die Lebende und die Tote zu teilen vermochte, beruhigte Thiel sein Gewissen in der Tat« (7).

Thiels vergeistigte Liebe zu seiner verstorbenen Frau trägt allerdings auch sexuelle Züge. Als er an der Bahnstrecke steht, geht er in einem Tagtraum »eine sublime […] sexuelle unio mystica mit der Verstorbenen«[6] ein, metaphorisch verschlüsselt wird ein Orgasmus angedeutet: »Ein Keuchen und Brausen schwoll stoßweise fernher durch die Luft. Dann plötzlich zerriss die Stille. Ein rasendes Tosen und Toben erfüllte den Raum, die Geleise bogen sich, die Erde zitterte – ein starker Luftdruck – eine Wolke von Staub, Dampf und Qualm, und das schwarze, schnaubende Ungetüm war vorüber. […] ›Minna‹, flüsterte der Wärter, wie aus einem Traum erwacht« (20).

Metaphorischer Orgasmus

Reale sexuelle Erfüllung erfährt Thiel jedoch von Lene, aber er ist auf entwürdigende Weise von ihr abhängig. Nach einem Streit mit ihr, »ließ [er] sich am Ende nicht selten herab, sie zu bitten, doch wieder gut zu sein« (6). In seiner zwei-

Entwürdigendes Verhalten

ten Ehe muss Thiel leidvoll erfahren, dass sein Verhalten von seinen Trieben dominiert und gesteuert wird.

Die Spannung zwischen beiden Existenzweisen hält der Bahnwärter nicht lange aus, zumal die sexuelle Abhängigkeit darin gipfelt, dass er Tobias im Stich lässt. Als er Lene dabei ertappt, wie sie seinen Sohn züchtigt, ist sein Widerstand nur von kurzer Dauer, weil er sich ihrer erregenden Körperlichkeit bewusst wird: »Ihre vollen, halbnackten Brüste blähten sich vor Erregung und drohten das Mieder zu sprengen [...]. Eine Kraft schien von dem Weibe auszugehen, unbezwingbar, unentrinnbar, der Thiel sich nicht gewachsen fühlte« (17). In diesem Zustand der sexuellen Begierde ist Thiel nicht in der Lage, seine Frau zu kritisieren, ganz im Gegenteil: »Er hätte in diesem Zustand überhaupt kein Wort an sie zu richten vermocht, am allerwenigsten ein hartes« (17). Tobias ignoriert er dabei.

Das Versprechen am Totenbett

Nach dieser Schlüsselstelle nimmt der Untergang der Familie Thiel unaufhaltsam seinen Lauf, zumal dem Bahnwärter bewusst wird, dass sein Verhalten gegenüber Tobias einem nicht zu verzeihenden Tabubruch gleichkommt, hat er Minna doch am Totenbett versprochen, sich um den gemeinsamen Sohn zu kümmern (vgl. 5).

Zum ersten Mal unpünktlich

Thiel bricht, nachdem er den verstörten Tobias verlassen hat, hastig zu seinem »Wärterhäuschen« auf, dort kommt er »erst fünfzehn Minuten nach der ordnungsmäßigen Zeit« (17) an. Zum ersten Mal in seiner Dienstzeit erscheint der Bahnwärter nicht pünktlich zu seiner Arbeit, sein Ordnungssystem ist aus den Fugen, die Katastrophe kündigt sich an.

Überdies belasten ihn seine Schuldgefühle, die er gegenüber Tobias und Minna hat. In »selbstquälerischen Vorstellungen« grübelt er über seine »Unterlassungssünden« nach: »Die Leidensgeschichte seines Ältesten, welche die Eindrücke der letzten Stunden nur noch hatten besiegeln können, trat deutlich vor seine Seele« (22). Über diesen Gedanken schläft er ein und träumt von Minna. Schließlich weckt ihn ein Unwetter, er rennt panikartig vor die Tür, um den nächsten Zug abzufertigen. Während er an der Bahnstrecke steht, erinnert er sich an seinen Traum, in dem ihm Minna erschienen war. Sie war flüchtend an seinem Wärterhäuschen vorbeigegangen, ohne sich umzuschauen, das verletzt den Bahnwärter zutiefst: »sie hatte sich von ihm losgesagt, ihn nicht beachtet, sie hatte sich fortgeschleppt immer weiter und weiter durch die stürmische, dunkle Nacht« (25).

Thiels Traum

Sie trägt, und damit wird das Zugunglück symbolisch vorweggenommen, in ihren Händen »etwas Schlaffes, Blutiges, Bleiches« (24). Mit der Flucht Minnas ist seine Doppelexistenz gefährdet, diesen Verlust, den er zunächst nicht wahrhaben will, kann der Bahnwärter nicht verkraften, auch damit ist sein Untergang besiegelt.

Außerdem kündigt sich Lene an, die den neuen Acker umgraben möchte. Thiel ahnt, dass seine Existenz bedroht ist: »›Nein, nein, das geht ja nicht‹, und wieder: ›Nein, nein, das geht ja gar nicht‹« (21). Aber es geht! Der Gedanke, dass Lene demnächst während der Dienstzeit in seiner Nähe ist, wird ihm »immer unerträglicher« (21). Er spürt, dass sie »sein Heiligstes« (21) antasten wird, besitzt jedoch keine Kraft, Lene den Zutritt zu seinem Refugium zu verbieten, schließlich könnte sie ihm bei einem Verbot ihren Körper verweigern, auf den ist Thiel aber nach wie vor fixiert. Am Abend vor dem Aufbruch zum Streckenhäuschen beobachtet der Bahnwärter Lene vom Bett aus, wie sie damit beschäftigt ist, »das Mieder aufzunesteln und die Röcke herabzulassen. [...] Plötzlich fuhr sie herum [...] und blickte in das von Leidenschaften verzerrte, erdfarbene Gesicht ihres Mannes« (27). Mit verlangenden, »brennenden Augen« (27) starrt er sie an, nachdem Lene ihn abgewiesen hat, stottert er bezeichnenderweise nur ein paar wirre Worte, schließlich stülpt er sich resigniert die Decke über den Kopf.

Sexuelle Erregung

Der Eintritt Lenes in Thiels sakralen Raum zwingt ihn, sich für eine Seite seiner Doppelexistenz zu entscheiden, denn beide kann Thiel nicht gleichzeitig in seiner »Waldeinsamkeit« vereinen. Gerade die räumliche Trennung zwischen beiden Seiten war wichtig, um beide Existenzweisen nicht zu gefährden.

Nach dem Zugunglück entscheidet er sich für Minna, obwohl sie sich im Traum von ihm losgesagt hat. Sie geht ihm trotzdem in seinen letzten Stunden nicht aus dem Kopf. Thiel bittet sie verzweifelt um Tobias: »›Du, Minna‹ – seine Stimme wurde weinerlich, wie die eines kleinen Kindes. ›Du Minna, hörst du? – gib ihn wieder – ich will...‹« (36 f.). Doch sie antwortet ihm nicht wie sonst in einer Vision oder im Traum; vergeblich versucht er Minna in seinem verwirrten Zustand zu ergreifen: »Er tastete in die Luft, wie um jemand festzuhalten« (37). Thiel verspricht Minna, um sie zu beschwichtigen, Rache an Lene zu nehmen (vgl. 37), schließlich trägt sie die Schuld an dem Tod ihres gemeinsamen Sohnes. Nach dem Mord bleibt Thiel, der beide Frauen, und damit auch die Basis seiner Doppelexistenz, verloren hat, nur noch die Flucht in den Wahnsinn. Das einzige Liebenswerte, das ihn bis in die Irrenanstalt begleitet, ist die Pudel-

Minna verlässt Thiel

mütze seines Sohnes: »Er hielt das braune Pudelmützchen im Arm und liebkoste es ununterbrochen wie etwas, das Leben hat« (43).

Natur

Die Natur besitzt eine zentrale Stellung in der »Novellistischen Studie«. Da der Leser kaum etwas von Thiels Gedanken erfährt, nicht zuletzt weil er nur wenig redet und zuweilen stammelt, gleicht der Erzähler Thiels Sprachdefizite aus, indem er dessen Gemütsverfassung auf die Natur projiziert. So wird die Natur zum Sprachrohr Thiels, aber sie antizipiert auch, und das ist ihre zweite Funktion, das zukünftige Geschehen.

Natur als Projektionsfläche

In Augenblicken, wo Thiel seine unwürdige Abhängigkeit erkennt und innerlich aufgewühlt ist, gibt die Natur über sein Innenleben Auskunft: Der »Schneesturm [raste] durch die Kiefern« (7). Doch schnell beruhigt er sich wieder, weil ihm sein Häuschen zur »Kapelle« (7) wird, dort kann er seine Schuldgefühle in religiöser Andacht beschwichtigen. Die Natur, Minna und sein Streckenhäuschen werden von Thiel unbewusst zu seinem sakralen Terrain erklärt.

Als Thiel mit Tobias die Bahnstrecke abgeht, wird die Natur mit religiösen Attributen beschrieben: »Oft blieb er, Tobiaschen an der Hand, stehen, um den wunderbaren Lauten zu lauschen, die aus dem Holze wie sonore Choräle aus dem Innern einer Kirche hervorströmten« (29). Zu diesem religiösen Intermezzo gesellt sich scheinbar noch Minna hinzu: »Zudem unterschied er mit der Zeit eine Stimme, die ihn an seine verstorbene Frau erinnerte« (30).

Warnende Natur

Schließlich deutet die Natur die kommende Katastrophe an. Thiel geht zur Arbeit, plötzlich stoßen Krähen ihre warnenden, »knarrenden Rufe« (14) aus. »Schwarze Wasserlachen füllten die Vertiefungen des Weges und spiegelten die trübe Natur noch trüber wider« (14). Trüber wird es auch in Thiels Leben, denn unmittelbar nach diesen Eindrücken wird er hilfloser Zeuge, wie Lene Tobias demütigt. Thiel ist nicht in der Lage seinen Sohn zu verteidigen, die Schuldgefühle, mit denen er zu kämpfen hat, spiegeln sich in der Natur wider: »Die Säulenarkaden der Kiefernstämme jenseits des Dammes entzündeten sich gleichsam von innen heraus und glühten wie Eisen« (19). Thiels Schuld scheint ihn innerlich zu verbrennen, nur mit Mühe kann er sich wieder beruhigen: »Wie schneeweißer Schaum lag die junge Blütenpracht auf den Zweigen [...]. Thiel wurde ruhig, und ein stilles Wohlgefallen beschlich ihn« (21). Noch gelingt es dem Bahnwärter, sein seelisches Gleichgewicht – und damit auch seine Doppelexistenz – aufrechtzuerhalten.

Thiels Doppelexistenz ist nicht mehr möglich

Nachdem Tobias verunglückt ist, zerbricht sein polares Ordnungssystem, die Natur wird nur noch in düsteren Farben gezeichnet: »Die Sonne goss ihre letzte Glut über den Forst, dann erlosch sie. Die Stämme der Kiefern streckten sich wie bleiches, verwestes Gebein zwischen die Wipfel hinein, die wie grauschwarze Moderschichten auf ihnen lasteten« (37). Damit dokumentiert der Erzähler Thiels absterbendes, moderndes Innenleben, das sich auf den Wahnsinn zubewegt.

Technik

Die Technik im *Bahnwärter Thiel* hat eine dreifache Bedeutung: 1. Im Unterschied zu vielen Zeitgenossen im letzten Drittel des 19. Jahrhunderts macht Hauptmann im Zuge der industriellen Revolution auf die Gefahren der Technik aufmerksam. 2. Die Technik spiegelt Thiels Innenleben wider und antizipiert das zukünftige Geschehen. 3. Lene geht auf einer metaphorischen Ebene eine Allianz mit der Technik ein, sie wird als maschinengleiches Wesen beschrieben.

Bedeutung der Technik

Die Technik in Gestalt von Maschinen und der Bahnstrecke sind zentrale »Dingsymbole«, die sich durch den gesamten Text ziehen. Schon im ersten Absatz des *Bahnwärter Thiel* drängt sich die Technik als Gefahr auf, Thiel wird zweimal von Gegenständen getroffen, die von Zügen herabfallen, und dabei schwer verletzt.

Zentrale »Dingsymbole«

Thiels »Waldeinsamkeit« erscheint zunächst als idyllisch, doch sie wird durch die daneben liegende Bahnstrecke bedroht, so werden in regelmäßigen Abständen seine religiösen Sitzungen von »vorbeitobenden Bahnzügen unterbrochen« (7 f.).

Die Bahngeleise deuten symbolisch die bevorstehende Tragödie an: »Die schwarzen, parallellaufenden Geleise darauf glichen in ihrer Gesamtheit einer ungeheuren eisernen Netzmasche, deren schmale Strähne sich im äußersten Süden und Norden in einem Punkte des Horizontes zusammenzogen« (19). So wie die Geleise parallel nebeneinander laufen, was lebenswichtig ist, verläuft auch die Doppelexistenz Thiels. Sobald der Horizont »in einem

Technische Vorausdeutung der Tragödie

Punkt« erreicht wird und beide Sphären *zusammentreffen*, kommt es zur Katastrophe.

Während der Bahnwärter von seinen »Unterlassungssünden« (22) auf das Äußerste geplagt wird, projiziert der Erzähler Thiels Innenleben auf den heranrasenden Zug: »Erst dumpf und verhalten grollend, wälzte [der Donner] sich näher in kurzen, brandenden Erzwellen, bis er, zu Riesenstößen anwachsend, sich endlich, die ganze Atmosphäre überflutend, dröhnend, schütternd und brausend entlud« (23). Thiels Spannung entlädt sich im Unterschied dazu noch nicht, noch kann er sein Doppelleben mit Mühe aufrechterhalten. Doch wenig später, nachdem Minna ihm mit einem blutigen Bündel (vgl. 24) im Traum erschienen ist, deutet sich das Unglück an: »Zwei rote, runde Lichter durchdrangen wie die Glotzaugen eines riesigen Ungetüms die Dunkelheit. Ein blutiger Schein ging vor ihnen her [...]. Es war, als fiele ein Blutregen vom Himmel« (25).

Blutiges Bündel = Tobias

Thiel reagiert unbewusst auf die drohende Gefahr, er überprüft am nächsten Morgen mechanisch die Geleise: »Hin und wieder zog er mit dem Schraubenschlüssel einen Bolzen fest« (25). Es scheint, als ob sich der Bahnwärter versichern wolle, dass beide Geleise, und damit auch die zwei parallel laufenden Sphären seiner Doppelexistenz, nicht kollidieren können.

Doch die Tragödie ist nicht mehr aufzuhalten, weil Lene in seine »Waldeinsamkeit« eingedrungen ist. Thiels Doppelleben und sein Ordnungssystem werden damit zerstört. Der schlesische Schnellzug nähert sich bedrohlich dem Bahnwärterhäuschen und angrenzenden Acker: »Der Zug wurde sichtbar – er kam näher – in unzählbaren, sich über-

Zerstörte »Waldeinsamkeit«

hastenden Stößen fauchte der Dampf aus dem schwarzen Maschinenschlote« (31). Wenig später überrollt er Tobias.

Thiel kann sich nicht an der Technik, an dem Schnellzug, für den Tod seines Sohnes rächen, »aber in Lene kann er stellvertretend auch die ›Maschine‹ töten.«[7] Denn sie wird als maschinenartiges Wesen beschrieben. Als sie den Acker umgräbt, geschieht dies mit der »Ausdauer einer Maschine« (29). Ihre Macht über Thiel scheint wie die des heranrasenden Zuges »unbezwingbar« (17).

Lene = Maschine

Thiel wird von Lene mit »einem feinen Spinnengewebe«, das sich »wie ein Netz von Eisen« (17) um ihn legt, gefangen. Schließlich gelingt es Thiel in einem letzten Kraftakt, dem Doppelmord, sich von diesen eisernen Netzen zu befreien.

7. Autor und Zeit

Am 15. November 1862 wird Gerhart Hauptmann im niederschlesischen Ober-Salzbrunn geboren. Er ist der jüngste Sohn des Hotelbesitzers und Gastwirts Robert Hauptmann (1824–98) und seiner Frau Marie (1827–1906), insgesamt hat er drei Geschwister, zwei Brüder und eine Schwester. 1877 geben die Eltern aus finanziellen Gründen das Hotel auf, später betreiben sie eine Bahnhofsgaststätte.

Familie Hauptmann

Hauptmann hasst die Schule, bleibt mehrmals sitzen, schließlich verlässt er sie ohne Abschluss. 1878 tritt er bei Verwandten eine Landwirtschaftslehre an, aber auch hier bleibt er ohne Erfolg, wegen eines Lungenleidens muss er die Ausbildung abbrechen. Er beschließt, nachdem er inzwischen bei einem weiteren Versuch, das Einjährigen-Examen abzulegen, gescheitert ist, Bildhauer zu werden. 1880 erhält er in Breslau die Zulassung für die Bildhauerklasse der Kunst- und Gewerbeschule. Aber auch dort scheitert er, seine künstlerischen Fortschritte sind zu gering. Ab dem Wintersemester 1882/83 studiert er in Jena mit einer Sondergenehmigung, hört dort Vorlesungen über Literaturgeschichte und Philosophie, gibt aber wenige Monate später das Studium auf.

Schul- und Ausbildungsprobleme

Marie Thienemann, seine vermögende Verlobte, finanziert ihm daraufhin eine Mittelmeerreise. In Rom knüpft er an seine Bildhauerkarriere an, scheitert jedoch abermals. Er erkrankt an Typhus, bricht schließlich seine Reise ab und besucht im Sommer und Herbst 1884 die Zeichenklasse der Königlichen Akademie in Dresden; auch diese Ausbildung

Marie Thienemann und Gerhart Hauptmann
Foto 1884

ist zum Scheitern verurteilt. Anschließend studiert er in Berlin mehr schlecht als recht Geschichte, doch auch dieses Projekt bricht er ab. Schließlich heiratet er am 5. Mai 1885 seine Verlobte, wodurch er finanziell abgesichert ist. Allerdings steht es um seine Gesundheit nicht gut, und deshalb zieht das Ehepaar für vier Jahre aufs Land vor die Tore Berlins, nach Erkner. Dort kommen auch ihre beiden Söhne Ivo (1886) und Eckart (1887) zur Welt, in Berlin wird 1889 Klaus geboren.

Hauptmann heiratet

Auf Spaziergängen erholt er sich zunehmend und kommt dabei rund um Erkner mit vielen Menschen ins Gespräch. Er lernt den Förster kennen, einfache Arbeiter, Hausfrauen und Streckenarbeiter, Begegnungen, die er teilweise schriftlich dokumentiert. Später werden diese Erfahrungen in sein Werk einfließen, auch in den *Bahnwärter Thiel.*

Rund um Erkner

Allmählich verbessert sich seine Gesundheit, und er findet Muße, sich literarisch zu betätigen. Der Kontakt zu Berlin bleibt erhalten, immer wieder besucht er in der Stadt Freunde und nimmt am literarischen Leben teil, er schließt sich dem Kreis der Frühnaturalisten an: Arno Holz, Johannes Schlaf, Carl Bleibtreu und die Brüder Henrich und Julius Hart spielen mit ihrem literarischen Verein *Durch* eine maßgebliche Rolle. Sie diskutieren neue ästhetische Programme, vor allem den Naturalismus, der in Frankreich seine Wurzeln hat.

Naturalismus

Der Naturalismus weitet sich im letzten Drittel des 19. Jahrhunderts zu einer europäischen Literaturbewegung aus. Leo Tolstoj (Russland), Henrik Ibsen (Norwegen) und August Strindberg (Schweden) gehören zu den bedeutendsten Vertretern dieser literarischen Richtung.

In Frankreich reagiert Emile Zola mit seinem Werk auf die massiven Veränderungen im Zuge der sich explosionsartig ausbreitenden industriellen Revolution: In den großen Städten führten Arbeitslosigkeit und Überbevölkerung zur Verarmung weiter Teile der Bevölkerung. Diese Entwicklung bildet den Hintergrund seines zwanzigbändigen Romanzyklus *Les Rougon-Macquart*. Dabei stellt er die erzählte Wirklichkeit so exakt und objektiv wie möglich unter Verzicht auf jede Art von Idealismus dar: im Unterschied zum bürgerlichen Roman, der die Wirklichkeit nicht selten verklärt und damit verharmlost.

Emile Zola

Was den bürgerlichen Autoren als Thema noch verpönt war, zum Beispiel die Elendsquartiere der Städte, die Fabriken und Kneipen, Dirnen, Alkoholiker und Geisteskranke, wird nun zum literarischen Gegenstand erhoben, um zu dokumentieren, in welchen Milieus Teile der Bevölkerung leben mussten. Mit ihren Werken wollten die Naturalisten die Leser über die erbärmliche Lebensweise vieler Mitbürger aufklären, in der Hoffnung, dass sich die Verhältnisse ändern könnten.

Um ihre Gesellschaftskritik glaubhaft zu vermitteln, verzichteten die Autoren auf moralische Hinweise: Die Leser sollten allein durch objektives und vorurteilsfreies Erzählen zu einem Urteil gelangen. Dabei orientierten sich die Autoren an den zeitgenössischen Wissenschaften, die sich um objektive Darstellung der Wirklichkeit bemühten: Positivismus, Empirismus, Soziologie, Biologie und Psychologie werden zu

Objektive Beschreibung des Alltags

Rate gezogen. Die Ausrichtung an einem naturwissenschaftlich geprägten Weltbild ist fortan für die meisten Naturalisten Pflicht.

»Kunst = Natur – x«

Vor diesem Hintergrund formuliert Arno Holz seine berühmte Kunstformel: »Kunst = Natur – x«. Das naturalistische Kunstwerk soll die Natur, und damit auch die gesellschaftliche Realität, deckungsgleich wiedergeben. Dies gelingt aber nicht vollständig, weil der Faktor x, der unvollkommene Künstler, dazu nicht immer in der Lage ist. So könnte der Autor etwa seine Sympathie für eine literarische Person übertreiben, indem er romantische Stilelemente einbringt, die allerdings die Alltagswelt nicht adäquat wiedergeben können.

Weil sich die Naturalisten auf die objektive Wiedergabe der Tatsachen festlegen, müssen sie zwangsläufig auf eine artistisch-idealistische Sprache verzichten. Im Mittelpunkt stehen deshalb die Umgangssprache und der Dialekt.

Nicht nur Naturalist

Hauptmann erfüllt das naturalistische Programm im *Bahnwärter Thiel* nicht exakt. Die wenigen Dialoge im Text sind zwar der Umgangssprache entlehnt, der Held der Handlung stammt aus einer niederen Gesellschaftsschicht, seine Entwicklung wird psychologisch präzise dargestellt, aber die Natur- und Technikbeschreibungen sind manchmal unrealistisch und symbolisch angereichert: »und nun stieg die Glut langsam vom Erdboden in die Höhe, erst die Schäfte der Kiefern, weiter den größten Teil ihrer Kronen in kaltem Verwesungslicht zurücklassend« (19). Hier macht sich der Einfluss von Georg Büchner (1813–37) be-

Georg Büchner

merkbar, der ebenfalls die Seelenzustände seines Protagonisten Lenz in der gleichnamigen Erzählung auf die Natur projiziert. So korrespondieren zum Beispiel graue und kalte Naturbilder mit der Empfindung von Apathie und Gleichgültigkeit, und zuweilen nimmt die Natur im *Lenz* dämonische Züge an.

Im Verein *Durch* hält Hauptmann am 17. Juni 1887 einen Vortrag über Büchner, was im Protokollbuch des Vereins lobend erwähnt wird: »Nach kurzer Angabe der wichtigsten Lebensdaten des Dichters [...] trägt uns G. Hauptmann einige Stellen aus Büchners Dichtungen vor, zunächst aus dem Novellenfragment *Lenz* [...]. Die kräftige Sprache, die anschauliche Schilderung, die naturalistische Charakteristik des Dichters erregen allgemeine Bewunderung.«[8] Neben Zola wird fortan auch Büchner als Naturalist verehrt.

Intertextualität

Mit Begeisterung liest Hauptmann auch Büchners Dramenfragment *Woyzeck* (1878). Der Einfluss beider Werke auf den *Bahnwärter Thiel* ist unbestritten, er ist intertextuell mit ihnen verknüpft.

Literarische Vorbilder: Lenz und Woyzeck

Lenz zum Beispiel ist ebenso wie *Bahnwärter Thiel* eine psychopathologische Studie, einige Parallelen sind offensichtlich. Der Protagonist der Handlung, Jakob Michael Reinhold Lenz (1751–92), war während der literarischen Epoche des Sturm und Drang für kurze Zeit ein Freund Goethes. Lenz litt zunehmend an Schizophrenie und suchte im Januar 1778 Rat bei einem Seelenarzt, der ihm jedoch nur für kurze Zeit helfen konnte. Schließlich verschlimmerten sich die schizophrenen Schübe, nicht zuletzt, weil sich seine Schuldgefühle gegenüber dem dominanten Vater und der Geliebten, die er verlassen hatte, verstärkten.

Als sich sein Zustand verschlechterte, wurde er nach Straßburg gebracht, wahrscheinlich in professionelle Obhut. Diese Krankengeschichte bildet die Basis der Erzählung. Durch Lektüre des *Lenz* lernt Hauptmann, wie sublim ein Autor eine Person psychologisch darstellen kann. Thiels psychopathologische Entwicklungsgeschichte ist ohne den Einfluss von Büchners *Lenz* kaum denkbar.

Auch die Parallelen zwischen *Bahnwärter Thiel* und *Woyzeck* sind auffällig. Dieses Drama bezieht sich, ebenso wie *Lenz*, auf eine wahre Begebenheit, Hauptmanns Novelle dagegen lässt sich nicht auf ein wirkliches Ereignis zurückführen.

Am 2. Juni 1821 erstach in Leipzig der ehemalige Soldat, Perückenmacher und Gelegenheitsarbeiter Christian Woyzeck aus Eifersucht seine Geliebte, die Witwe Woost, und wurde dafür am 27. August 1824 hingerichtet. Diese Tragödie erregte großes Aufsehen, weil der Mörder als geistig verwirrt galt. Die Verteidigung plädierte auf Unzurechnungsfähigkeit, zwei psychiatrische Gutachten bestätigten jedoch, dass er zurechnungsfähig sei. Dieser Fall führte zu einer Grundsatzdebatte: Wo sind die Grenzen für die Zurechnungsfähigkeit anzusetzen?

Büchners Woyzeck ist schon zu Beginn des Dramas geistig verwirrt, er lebt in einem Offiziersumfeld, das ihn perfide unterdrückt. Thiel dagegen wirkt zu Beginn der Erzählung normal. Woyzeck hat von seiner Freundin Marie ein Kind, darf sie aber als gemeiner Soldat nicht heiraten. Er kümmert sich aufopferungsvoll um beide, trotzdem betrügt sie ihn, und deshalb tötet er sie in einem Anfall von Wahnsinn.

Die Gemeinsamkeiten zwischen Thiel und Woyzeck drängen sich auf: Beide reden nicht viel, sie sind seelisch vereinsamt und ausgesprochen passiv. Beide sind Opfer ihrer triebgesteuerten Natur und töten in letzter Verzweiflung ihre Frauen. Beide werden vom Autor nicht moralisch verurteilt, sondern fordern die Frage heraus, ob sie nicht auch als Opfer der gesellschaftlichen und sozialen Verhältnisse angesehen werden können.

Thiel und Woyzeck

Der literarische Durchbruch gelingt Hauptmann ein Jahr nach seiner erfolgreichen Novelle vollends mit dem naturalistischen Drama *Vor Sonnenaufgang*. Die Uraufführung am 20. Oktober 1889 in Berlin löste einen Skandal aus, weil das zumeist bürgerliche Publikum durch die freizügige Darstellung von Alkoholismus und Sexualität irritiert und schockiert war. Mit diesem Stück verhilft Hauptmann dem Naturalismus, und damit der literarischen Moderne, auch auf der Bühne zum Durchbruch. In den folgenden Jahren entstehen unter anderem die Familiendramen *Das Friedensfest* (1890) und *Einsame Menschen* (1891). 1893 wird die Diebeskomödie *Der Biberpelz* in Berlin uraufgeführt.

Die bedeutendste Leistung dieser Jahre ist aber das soziale Drama *Die Weber* (1893). Es ist ein naturalistisches Stück, in dem Hauptmann die katastrophalen ökonomischen und sozialen Lebensbedingungen der schlesischen Weber und deren historischen Aufstand von 1844 schildert. Das Drama erhielt zunächst Aufführungsverbot, weil es indirekt auch die Regierung kritisierte. 1893 wurde das Aufführungsverbot für das »Deutsche Theater« in Berlin aufgehoben, woraufhin Kaiser Wilhelm II. aus Protest seine Theaterloge kündigte.

Sensationeller Erfolg: Die Weber

Hauptmann ist trotz der *Weber* weiterhin kein konsequenter Vertreter des Naturalismus. Immer wieder macht er Anleihen bei anderen literarischen Traditionen, so etwa in dem damals sehr erfolgreichen Drama *Die versunkene Glocke. Ein deutsches Märchendrama* (1896), neben naturalistischen finden sich hier auch mythisch-allegorische Elemente.

Scheidung und erneute Heirat

Neben seinen künstlerischen Erfolgen und auch Fehlschlägen verläuft sein Privatleben ebenso wechselhaft. Hauptmann verliebt sich in den 90er-Jahren in Margaret Marschalk, 1900 wird ihr unehelicher Sohn Benvenuto geboren. 1904 lässt er sich von seiner ersten Ehefrau scheiden, im gleichen Jahr heiratet er seine Geliebte.

1908 erscheint Hauptmanns Reisetagebuch *Griechischer Frühling*. Mit diesem umfangreichen Prosawerk wendet er sich, nachdem er mehrere Misserfolge auf der Bühne einstecken musste, verstärkt der Prosa zu, wobei festzuhalten bleibt, dass in Hauptmanns Gesamtwerk die Dramen dominieren: insgesamt 52 Stücke. 1910 erscheint sein Roman *Der Narr in Christo Emanuel Quint* und 1912 der Roman *Atlantis*. 1911 wird eines seiner berühmtesten Dramen, *Die Ratten*, uraufgeführt. 1912 wird Hauptmann, der inzwischen schon mehrere Auszeichnungen für sein Werk erhalten hat, mit dem Nobelpreis ausgezeichnet.

Nobelpreis 1912

Während des Ersten Weltkrieges befürwortet Hauptmann, wie viele andere Künstler und Intelektuelle in Deutschland, den Krieg und solidarisiert sich mit den Soldaten und dem Kaiser, der zeitlebens nichts von seinem Werk hielt. Hauptmann schreibt Kriegsgedichte und Zeitungsartikel, in denen er das deutsche Vormachtstreben unterstützt.

Erster Weltkrieg

Nach dem Ersten Weltkrieg wird Hauptmann als Nationaldichter verehrt, auch weil er sich zunächst vorbehaltlos zur Weimarer Republik bekennt. Reichspräsident Friedrich Ebert hebt 1922 zu Hauptmanns 60. Geburtstag seine Bedeutung auf einer der vielen Feierlichkeiten hervor: »Mit der Ehrung Gerhart Hauptmanns ehrt das deutsche Volk sich selbst.«[9]

1922 erscheint zu seinem 60. Geburtstag eine zwölfbändige Gesamtausgabe seiner Werke. Doch kann er seit der Erzählung *Der Ketzer von Soana* (1918) über ein Jahrzehnt lang keinen bedeutenden Erfolg mehr vorweisen.

Erst 1932, Hauptmann feiert inzwischen seinen 70. Geburtstag, lässt er das Publikum mit dem Drama *Vor Sonnenuntergang* aufhorchen. Im selben Jahr wird Goethes 100. Todestag gewürdigt. Das ist für Hauptmann von Bedeutung, er ist stolz darauf, dass beide Festlichkeiten ineinander übergehen. Selbstbewusst definiert er sich als Nachfolger Goethes. Er ahmt den Dichterfürsten sogar äußerlich nach, entsprechend verändert er Haltung und Frisur, was ihm viel Spott einbringt. 1932 berichtet die Satirezeitschrift *Simplicissimus* von der Aufführung des Goetheschen *Clavigo*: »Wie man hört, war bei der Neuaufführung von *Clavigo* der Autor selbst anwesend, allerdings in Ermangelung des verstorbenen in Gestalt Gerhart Hauptmanns. Das Publikum im Kurfürstendammtheater bemerkte den kleinen Betrug nicht.«[10] 1937 erscheint seine Autobiografie *Das Abenteuer meiner Jugend*, wobei ihm Goethes Biografie *Dichtung und Wahrheit* als Vorbild diente.

Goethe und Hauptmann

1933 gerät Hauptmann bei vielen in Verruf, weil er sich nicht gegen die neuen Machthaber erklärt. Im Gegenteil, er unterstützt die Nationalsozialisten, schreibt für die

Hauptmann und der Nationalsozialismus

Führung und das Volk Zeitungsartikel und hält entsprechende Reden. Bei den Reichstagswahlen 1936 votiert er öffentlich für Hitler. Zu seinem 80. Geburtstag 1942 bedankt er sich bei Hitler als dem »Sternenschicksalsträger des Deutschtums«.[11] Dennoch wird Hauptmann von den Nationalsozialisten weniger wegen seines Werkes geduldet, das ihnen zu gesellschaftskritisch ist, vielmehr instrumentalisiert die nationalsozialistische Propaganda ihn zu einem der großen Dichter der Nation.

Hauptmann übernahm das nationalsozialistische Gedankengut nicht in sein Werk, und das lässt vermuten, dass er sich innerlich vom Dritten Reich distanzierte, nicht aber die Kraft besaß, sich öffentlich gegen das Regime zu äußern. Bestätigt wird diese Vermutung durch die 1937 entstandene Totenklage *Finsternisse,* die er im Andenken an seinen jüdischen Freund Max Pinkus verfasste. In diesem Requiem distanziert sich Hauptmann klagend, nicht aber kritisch reflektierend von der Rassenideologie der Nationalsozialisten; auch veröffentlicht er diesen Text nicht, erst 1947 erschien er postum in Amerika.

Seine Werke werden im Alter zunehmend pessimistischer, wie die seit 1940 entstehende *Atriden-Tetralogie.* Die vier Dramen sind auch als kritische Reaktion auf die Herrschaft der Nationalsozialisten zu verstehen.

Gerhart Hauptmann stirbt am 6. Juni 1946 in seinem Haus in Agnetendorf.

Werktabelle

1885 *Promethidenlos. Eine Dichtung.*
1887 *Fasching. Eine Studie.*
1888 *Bahnwärter Thiel. Novellistische Studie.*
Das bunte Buch. Gedichte.
1889 *Vor Sonnenaufgang*. Drama.
1890 *Das Friedensfest. Eine Familienkatastrophe in drei Akten.*
1891 *Einsame Menschen*. Drama.
1893 *Die Weber. Schauspiel aus den vierziger Jahren.*
Der Biberpelz. Eine Diebeskomödie.
Hanneles Himmelfahrt. Traumdichtung.
1896 *Florian Geyer. Die Tragödie des Bauernkrieges.*
1898 *Fuhrmann Henschel*. Schauspiel.
1900 *Michael Kramer*. Drama.
1903 *Rose Bernd*. Schauspiel.
1905 *Elga*. Drama.
1906 *Und Pippa tanzt! Ein Glashüttenmärchen*. Drama.
1908 *Griechischer Frühling*. Reisetagebuch.
1910 *Der Narr in Christo Emanuel Quint*. Roman.
1911 *Die Ratten. Berliner Tragikomödie.*
1912 *Atlantis*. Roman.
1914 *Der Bogen des Odysseus*. Schauspiel.
1916 *Winterballade*. Dramatische Dichtung.
1917 *Winterballade*. Versdrama.
1926 *Dorothea Angermann*. Schauspiel.
1928 *Till Eulenspiegel*. Epos.
1932 *Vor Sonnenuntergang*. Schauspiel.
1933 *Die goldene Harfe*. Schauspiel.
1935 *Hamlet in Wittenberg*. Schauspiel.
1937 *Das Abenteuer meiner Jugend*. Autobiografie.

1939 *Der Schuß im Park.* Novelle.
1941 *Iphigenie in Delphi.* Tragödie.
Das Märchen. Erzählung.
1943 *Iphigenie in Aulis.* Tragödie.
1947 *Mignon.* Erzählung.
1948 *Agamemnons Tod.* Tragödie.
Elektra. Tragödie.

8. Rezeption

Bahnwärter Thiel gehört bis in die Gegenwart hinein zum Kanon der Schullektüre. Zu Recht stellt Fritz Martini 1988 fest: »Gerhart Hauptmanns *Bahnwärter Thiel* (1888) und der von Arno Holz und Johannes Schlaf gemeinsam verfaßte *Papa Hamlet* (1889) sind – darin sind Forschung und Kritik einig – die einzigen Prosaleistungen, die, in der Phase des deutschen Naturalismus geschrieben, die die sogenannte Moderne einleitet, wegen ihres künstlerischen Ranges, ihrer historischen Symptomatik und ihrer Initialfunktion noch immer wissenschaftlicher und didaktischer Beachtung wert sind.«[12]

Literarische Moderne

Über die ersten Reaktionen zum *Bahnwärter Thiel* berichtet Michael Georg Conrad, der 1888 Hauptmanns Erzählung in der Zeitschrift *Die Gesellschaft* veröffentlichte: »Aus dem Leserkreise erhielt ich bald begeisterte Zuschriften: Man habe seit Zola keine bessere Novelle in Deutschland gelesen. Die Technik des Vortrages sei verblüffend.«[13] Die Begeisterung des Lesepublikums erklärt sich unter anderem dadurch, dass Hauptmann an Zolas naturalistische Vorgaben anknüpfte. Er beschreibt ein Kleinbürgermilieu, »wie es die Naturalisten als literarisches Sujet gegen die herkömmlichen Stoffe durchzusetzen versuchten«[14]. Auch Hauptmanns präzise Beschreibung der Krankengeschichte Thiels ist »von den deterministischen Verfallsstudien Emile Zolas inspiriert«[15].

Bahnwärter Thiel ist jedoch, wie schon gesagt, kein rein naturalistischer Text: »Die symbolische Grundierung der Novelle und ihr sorgfältig ausbalanciertes Spektrum von

Gegensätzen sprechen für einen künstlerischen Gestaltungswillen, der sich mit den poetologischen Vorgaben des Naturalismus nicht vereinbaren lässt.«[16] Neben naturalistischen Zügen findet der Leser in der Novelle realistische, romantische, symbolische, expressionistische und impressionistische Sequenzen. Aufgrund dieser Vielfalt ästhetischer Stilmerkmale kann es nicht verwundern, dass der *Bahnwärter Thiel* von den Lesern sehr unterschiedlich verstanden wurde und wird. Lassen wir ein paar Stimmen zu Wort kommen.

Zeitgenössische Kommentare zum Bahnwärter Thiel

Hauptmanns Zeitgenosse Ludwig Goldstein-Königsberg erinnert sich pathetisch nach 33 Jahren an seine ersten Leseeindrücke: »Hier sang einer ›das Lied, das finster und doch so schön, das Lied von unserem Jahrhundert‹... Aber man fühlte gleich: nicht die äußerliche Schilderung, nicht das Tatsächliche und Technische war entscheidend, nicht die Umwelt, sondern die *innere* Welt des Dichters [...]. Die Erzählung ist zu Ende, kraß und blutig, aber Zug um Zug Schöpfung eines Sehers, eines neuen Menschenkünders.«[17]

Felix Hollaender, ein Zeitgenosse Hauptmanns, war ebenfalls vom Text begeistert. Er besprach 1892 die erste Buchausgabe, die bei S. Fischer erschien: »Im knappen Rahmen dieser Novelle beherrscht er [Hauptmann] den ganzen Apparat Zola'scher Kunstmittel, und er beherrscht ihn mit einer Tiefe, die erstaunlich – mit einer künstlerischen Sicherheit, die, wenn man an den Zeitpunkt des Entstehens denkt, kaum faßlich ist.«[18] Hollaender bestimmt die Novelle als naturalistische, er erkennt nicht, wie viele andere Leser übrigens auch, dass Hauptmanns Text über den Naturalismus hinausgeht.

Sozialistische Autoren kritisieren dagegen den *Bahnwär-*

ter Thiel. So schreibt zum Beispiel Eduard Bernstein 1893 eine Rezension für die Zeitschrift *Die Neue Zeit. Wochenschrift der deutschen Sozialdemokratie.* Er fragt sich, warum Hauptmann »mit so großer Vorliebe immer und immer wieder sich auf die Schilderung kranker Seelen und seelischer Erkrankungen verlegt, mit Vorliebe Schwächlinge oder dem Wahnsinn nahe [...] sich befindende Persönlichkeiten schildert? Bietet unser Zeitalter wirklich nichts, was der Aufgabe eines Dichters würdiger wäre – zumal eines Dichters, der in dem größten Kampf der Epoche auf der Seite der Kämpfer für eine neue Gesellschaft steht? Dieser große Kampf, der täglich sich hoffnungsvoller gestaltet, und dieser pessimistische Zug – in welch krassem Gegensatz stehen sie zu einander.«[19] Bernstein ist besorgt, weil die Novelle keinen Vorbildcharakter im sozialistischen Sinn besitzt. Er plädiert dafür, dass Schriftsteller sich in den Dienst der sozialistischen Welterneuerung stellen sollen. In dieses Bild passen keine kranken und schwachen Menschen, gefordert sind vielmehr starke Persönlichkeiten, die die gesellschaftlichen Veränderungen couragiert vorantreiben.

Sozialistische Kritik

Literaturwissenschaftler, die sich vor dem Zweiten Weltkrieg mit dem *Bahnwärter Thiel* auseinander setzten, beschäftigten sich vor allem mit den biografischen und lokalen Hintergründen des Textes. So recherchierte der Literaturhistoriker Prof. Max Herrmann mit seinen Studenten vor Ort, sie suchten anhand der Novelle den vermeintlichen Tatort. Eberhard von Wiese beschreibt dieses Unterfangen 1930 in den *Breslauer Neuesten Nachrichten* ironisch: »den Kartenplan in der Hand, die Novelle in der Tasche, so schreiten hundert junge Menschen auf den Spuren einer Katastrophe.

Auf der Suche nach dem Tatort

Diese Bodenwelle, sie steht auf Seite X verzeichnet, diese feuchte Wiese quatscht noch heute unter den Füßen und die alte Spree ist auch noch da. [...] Die kleine Bude mit den schmalen Fenstern, das Stückchen Ackerland, das war Thiels Revier vor 40 Jahren und liegt noch heute da unberührt, so will es scheinen.«[20] Die Recherchen von Herrmanns Studenten sind zum Scheitern verurteilt, weil ein literarischer Text immer auch ein fiktionaler ist und der Autor sich damit von realen Schauplätzen distanziert.

Textanalytische Rezeption

Nach dem Zweiten Weltkrieg beschäftigte sich die Forschung bis in die Gegenwart hinein vor allem mit textanalytischen Interpretationen. 1954 deutet Fritz Martini den *Bahnwärter Thiel* unter anderem existenzialistisch: »In seinem inneren Kampf und Schicksal zwischen dem Spirituellen und dem Triebhaft-Vitalen, zwischen Sehnsucht und Gefangenschaft, ist der dauernde Grundkonflikt des Hauptmannschen Menschen vorgeformt [...]. Er ist nichts als dieser arme Bahnwärter, und er bedeutet dennoch mit innerer Weite die Schicksalfigur des Menschen überhaupt. Derart erhält seine Gestalt die innere Lebensfülle, die stellvertretend menschliche Existenz repräsentiert; in ihm spielt sich, ihm unbewusst, das Urdrama des Daseins ab.«[21]

Thiel = ein modernes Individuum?

Laut Martini steht Thiel stellvertretend für das moderne Individuum, das vergeblich nach einer stabilen und widerspruchsfreien Identität strebt. Auch hieraus erklärt sich der Erfolg der Novelle. Bis in das 21. Jahrhundert hinein findet der Leser immer wieder aktuelle Bezüge in ihr.

Auch Filmregisseure rezipierten auf ihre Art die »Novellistische Studie«. Im März 1968 strahlte das ZDF die erste

Verfilmung des *Bahnwärter Thiel* aus. Eine Erzählerstimme dokumentiert das Geschehen, indem sie Sequenzen aus der Novelle wortwörtlich zitiert, auch deshalb gibt es keine allzu großen Differenzen zwischen Film und Textvorlage.

Zwei Verfilmungen

1982 wurde eine DDR-Verfilmung gesendet: *Bahnwärter Thiel. Eine Filmerzählung*. Auch hier tritt ein Erzähler auf, er ist allerdings nicht so dominant wie in der westdeutschen Fassung. Diese Verfilmung gilt im Unterschied zur ersten als künstlerisch anspruchsvoller.

9. Checkliste

Fragen und Aufgaben
Kapitel 1 (Erstinformation zum Werk)

1. Thiels Vorname wird nicht genannt, warum erwähnt ihn der Autor nicht?
2. Warum ist der *Bahnwärter Thiel* seit seinem Erscheinen so erfolgreich? Halten Sie einen Vortrag über die Ursachen.
3. Lesen Sie in einem Literatur-Lexikon den Artikel »Moderne« und geben Sie den Inhalt mit eigenen Worten schriftlich wieder.
4. Was zeichnet *Bahnwärter Thiel* als »modernen Text« aus?
5. Die vermeintliche Familienidylle wird am Ende des 19. Jahrhunderts von mehreren Schriftstellern kritisiert. Ein Vorläufer von Hauptmann war der Norweger Henrik Ibsen. Informieren Sie sich (z. B. im Internet) über Ibsens Familienkritik und arbeiten Sie Parallelen zum *Bahnwärter Thiel* heraus.

Kapitel 2 (Inhalt)

1. Skizzieren Sie stichpunktartig den Inhalt der Novelle. Tragen Sie anschließend Ihre Inhaltsangabe in Form eines Referates vor.
2. Stellen Sie Thiels Lebenslauf in Form einer »Fieberkurve« grafisch dar.
3. Übernehmen Sie den ersten Absatz des *Bahnwärter Thiel*

und schreiben Sie die Novelle nach Ihren Vorstellungen weiter.

4. Schreiben Sie für eine Tageszeitung einen Bericht über das Familiendrama Thiel.
5. Hauptmann äußerte sich in seiner Autobiografie *Das Abenteuer meiner Jugend* (1937) über die Entstehungsgeschichte des *Bahnwärter Thiel.* Lesen Sie die entsprechenden Seiten und stellen Sie in einem Referat Ihren Mitschülern das Wichtigste dazu vor.
6. Erstellen Sie gemeinsam mit Ihren Mitschülern einen Hypertext zu der Novelle. Über die Herstellung von Hypertexten informiert Sie folgende Internetadresse: http://www.lehrer-online.de/dyn/269066.htm

Kapitel 3 (Personen)

1. Beschreiben Sie Thiels Charakter in einem Brief an einen Freund / eine Freundin.
2. Charakterisieren Sie die Beziehung zwischen Thiel, Minna und Lene in einem Aufsatz.
3. In welcher Weise unterscheidet sich Lene von Minna?
4. Diskutieren Sie mit Ihren Mitschülern – anhand von Textbeispielen – Thiels Verhältnis zu seinen beiden Söhnen.
5. Verfassen Sie einen Dialog zwischen Thiel und der lebenden Minna (z. B.: Kennenlernen – Hochzeit – Geburt von Tobias). Stellen Sie den Dialog als szenische Inszenierung vor.
6. Am 26. April 2002 tötete ein Schüler in Erfurt 16 Menschen und sich selbst. Tragen Sie biografisches Material zu der Person des Täters zusammen. Erarbeiten Sie ge-

meinsam mit Ihren Mitschülern Parallelen zwischen dem Erfurter Schüler und Thiel.

Kapitel 4 (Werkaufbau)

1. Erklären Sie Ihren Mitschülern den Werkaufbau der Novelle in eigenen Worten.
2. Erstellen Sie während einer Gruppenarbeitsphase einen detaillierten Aufbau der drei Kapitel des *Bahnwärter Thiel.* Jede Gruppe ist für ein Kapitel zuständig.
3. Lesen Sie in einem Literaturlexikon den Eintrag über das »Drama«. Notieren Sie sich stichpunktartig, wie ein klassisches Drama aufgebaut ist. Vergleichen Sie diesen Werkaufbau mit dem des *Bahnwärter Thiel.*
4. Schreiben Sie den *Bahnwärter Thiel* während einer Gruppenarbeitsphase in ein dreigliedriges Drama um und stellen Sie Ihre Arbeitsergebnisse szenisch vor.
5. Schreiben Sie einen Aufsatz über die novellistischen Elemente im *Bahnwärter Thiel.*
6. Diskutieren Sie Benno von Wieses Ausführungen über das »›Dingsymbol‹ Eisenbahnstrecke« kritisch mit Ihren Mitschülern.
7. Halten Sie einen Vortrag über die Geschichte der Novelle.

Kapitel 6 (Interpretation)

1. Auffällig häufig werden vom Naturalismus bis zum Expressionismus Familientragödien in literarischen Texten thematisiert. Weshalb wurde die Institution Familie so vehement von vielen Autoren kritisiert? Diskutieren Sie

mit Ihren Mitschülern über diesen Sachverhalt, nachdem Sie ausreichend Material zu diesem Thema (im Internet) gesammelt haben.

2. Schreiben Sie – in Anlehnung an *Bahnwärter Thiel* – eine Erzählung über eine Familie im 21. Jahrhundert.
3. Erläutern Sie die Bedeutung von Thiels Ordnungssystem.
4. Stellen Sie die Abhängigkeitsverhältnisse Thiels grafisch dar.
5. Verteidigen Sie in Form einer Gerichtsverhandlung Lene gegen Thiel.
6. Erstellen Sie anhand der Naturbeschreibungen ein Protokoll über die Entwicklung von Thiels Wahnsinn.
7. Lesen Sie Friedrich Schillers Erzählung *Der Verbrecher aus verlorener Ehre* (1786) oder Alfred Döblins Erzählung *Die Ermordung einer Butterblume* (1901) und arbeiten Sie die Parallelen zwischen den jeweiligen Protagonisten heraus.
8. Diskutieren Sie mit Ihren Mitschülern die verschiedenen Funktionen der Technik in Hauptmanns Text.

Kapitel 7 (Autor und Zeit)

1. Suchen Sie (im Internet) Materialien zu der Biografie von Gerhart Hauptmann. Erstellen Sie gemeinsam mit Ihren Mitschülern daraus einen Hypertext.
2. Listen Sie stichpunktartig die zentralen Thesen des Naturalismus auf. Recherchieren Sie dazu im Internet.
3. *Bahnwärter Thiel* ist kein rein naturalistischer Text. Beschreiben Sie die Textelemente, die nicht naturalistisch sind.

4. Informieren Sie sich (im Internet) über Person und Werk Georg Büchners. Stellen Sie die wichtigsten Daten tabellarisch zusammen und präsentieren Sie diese mit »Powerpoint«.
5. Lesen Sie Büchners *Lenz* und vergleichen Sie die Erzählung in einem Aufsatz mit *Bahnwärter Thiel*.
6. In welchem intertextuellen Verhältnis stehen die Personen Bahnwärter Thiel, Lenz und Woyzeck?
7. Kaiser Wilhelm II. war ein strikter Gegner von Hauptmanns Kunst. Diskutieren Sie die Gründe hierfür innerhalb verschiedener Arbeitsgruppen.
8. Hauptmann war Befürworter des Ersten Weltkrieges. Wie erklären Sie sich diese Tatsache? Beziehen Sie dabei auch Herkunft und gesellschaftlichen Kontext mit in die Diskussion ein.
9. Hauptmann stilisierte sich als legitimer Nachfolger Goethes. Wie lässt sich dieser Anspruch erklären?

Kapitel 8 (Rezeption)

1. Weshalb war und ist der *Bahnwärter Thiel* so erfolgreich?
2. Wie wurde die »Novellistische Studie« von Hauptmanns Zeitgenossen aufgenommen?
3. Die Novelle enthält realistische, symbolische, expressionistische und surrealistische Sequenzen. Suchen Sie Beispiele zu den einzelnen ästhetischen Stilen und beschreiben Sie deren typische Merkmale. Benutzen Sie bei der Arbeit ein Literaturlexikon und schreiben Sie sich zu jedem Stil die wesentlichen Merkmale stichpunktartig auf.

4. Schreiben Sie einen Aufsatz über das Thema »Soll die Biografie des Autors in die Interpretation einbezogen werden, dargestellt am *Bahnwärter Thiel* (pro und contra)«.
5. Nehmen Sie kritisch Stellung zu Fritz Martinis These, Thiel sei Sinnbild des modernen Individuums.
6. 1968 wurde der *Bahnwärter Thiel* in der BRD verfilmt, 1982 in der DDR. Vergleichen Sie beide Filme und arbeiten Sie deren Unterschiede und Gemeinsamkeiten heraus. In welchem Verhältnis stehen die Filme zur Textvorlage?

10. Lektüretipps/Filmempfehlungen

Wer sich einen Überblick über die umfangreiche Forschungsliteratur zum *Bahnwärter Thiel* verschaffen möchte, dem seien die folgenden Bibliografien empfohlen:

Hoefert, Siegfried: Internationale Bibliographie zum Werk Gerhart Hauptmanns. 2 Bde. Berlin 1986–89.

Tschörtner, Heinz-Dieter: Gerhart-Hauptmann-Bibliographie. Berlin 1971.

Textausgabe

Die Erstausgabe des *Bahnwärter Thiel* erschien 1888. In dem vorliegenden Band wird nach der folgenden Reclam-Ausgabe zitiert:

Hauptmann, Gerhart: Bahnwärter Thiel. Novellistische Studie. Stuttgart: Reclam, 2001. (Universal-Bibliothek. 6617.) – *Reformierte Rechtschreibung.*

Zum Werk

Marx, Friedhelm: Gerhart Hauptmann. Stuttgart 1998. (Reclams Universal-Bibliothek. 17608.)

Payrhuber, Franz-Josef: Literaturwissen für Schule und Studium: Gerhart Hauptmann. Stuttgart 1998. (Reclams Universal-Bibliothek. 15215.)

Sprengel, Peter: Gerhart Hauptmann. Epoche – Werk – Wirkung. München 1984.

Zur Biografie des Autors

Leppmann, Wolfgang: Gerhart Hauptmann. Leben, Werk und Zeit. Bern/München/Wien 1986.

Tank, Kurt Lothar: Gerhart Hauptmann. Reinbek bei Hamburg [24]1995.

Zum Thema »Novelle« empfiehlt sich:

Winfried Freund: Novelle. Stuttgart 1998. (Reclams Universal-Bibliothek. 17607.) – *Einleitend setzt sich der Autor mit der Theorie der Novelle auseinander, anschließend stellt er die Geschichte der Novelle dar.*

Sekundärliteratur zum *Bahnwärter Thiel*

Fischer, Heinz: Lenz. Woyzeck. Thiel: Spiegelungen der Werke Georg Büchners in Gerhart Hauptmanns *Bahnwärter Thiel.* In: H. F.: Georg Büchner. Untersuchungen und Marginalien. Bonn [2]1975. S. 41–61.

Hahn, Walter: Zur Zeitstruktur in Gerhart Hauptmanns *Bahnwärter Thiel.* In: Carleton Germanic Papers 10 (1982) S. 35–49.

Mahal, Günther: Experiment zwischen Geleisen. Gerhart Hauptmann: *Bahnwärter Thiel* (1888). In: Deutsche Novellen. Von der Klassik bis zur Gegenwart. Hrsg. von Winfried Freund. München 1993. S. 199–219.

Martini, Fritz: *Bahnwärter Thiel.* In: F. M.: Das Wagnis der Sprache. Interpretationen deutscher Prosa von Nietzsche bis Benn. Stuttgart 1954. S. 56–98.

Martini, Fritz: Der kleine Thiel und der große Thienwiebel. Das Erzählen auf der Schwelle der Moderne. In: Der Deutschunterricht 40 (1988) H. 2. S. 65–76.

Merkl, Helmut: Über die Ordnungsliebe des Kleinmütigen in Gerhart Hauptmanns *Bahnwärter Thiel*. In: Heinrich Mann Jahrbuch 6 (1988) S. 88–100.

Neuhaus, Volker: Erläuterungen und Dokumente: Gerhart Hauptmann: *Bahnwärter Thiel*. Stuttgart 2002. (Reclams Universal-Bibliothek. 8125.)

Post, Klaus Dieter: Gerhart Hauptmann: *Bahnwärter Thiel*. Text, Materialien, Kommentar. München/Wien 1979.

Scheuer, Helmut: Gerhart Hauptmann: *Bahnwärter Thiel*. In: Interpretationen: Erzählungen und Novellen des 19. Jahrhunderts. Bd. 2. Stuttgart 1997. (Reclams Universal-Bibliothek. 8414.) S. 371–426.

Filmempfehlungen

Bahnwärter Thiel (BRD, 1968). Regie: Werner Völger. Drehbuch: Hajo Schedlich. Laufzeit: 55 Min.

Bahnwärter Thiel. Eine Filmerzählung. (DDR, 1982). Regie: Hans-Joachim Kasprzik. Drehbuch: Klaus Jörn. Laufzeit: 72 Min.

Anmerkungen

1 Gerhart Hauptmann, *Das Abenteuer meiner Jugend*, in: G. H., *Sämtliche Werke*, hrsg. von Hans-Egon Hass, Bd. 7, Frankfurt a. M. / Berlin 1962, S. 1043.
2 Helmut Scheuer, »Gerhart Hauptmann: *Bahnwärter Thiel*«, in: *Interpretationen: Erzählungen und Novellen des 19. Jahrhunderts*, Bd. 2, Stuttgart 1997 (Reclams Universal-Bibliothek, 8414), S. 378.
3 Benno von Wiese, *Die deutsche Novelle von Goethe bis Kafka*, Düsseldorf 1967, S. 272.
4 Scheuer (Anm. 2), S. 392.
5 Fritz Martini, *»Bahnwärter Thiel«*, in: F. M., *Das Wagnis der Sprache. Interpretationen deutscher Prosa von Nietzsche bis Benn*, Stuttgart 1954, S. 63.
6 Scheuer (Anm. 2), S. 399f.
7 Ebd., S. 402.
8 Zitiert nach: Johannes Diekhans (Hrsg.), *Bahnwärter Thiel*, Paderborn 2000, S. 72.
9 Zitiert nach: Friedhelm Marx, *Gerhart Hauptmann*, Stuttgart 1998 (Reclams Universal-Bibliothek, 17608), S. 30.
10 Zitiert nach: ebd., S. 34.
11 Zitiert nach: ebd., S. 36.
12 Fritz Martini, »Der kleine Thiel und der große Thienwiebel. Das Erzählen auf der Schwelle der Moderne«, in: *Der Deutschunterricht* 40 (1988). H. 2, S. 65.
13 Zitiert nach: Volker Neuhaus, Erläuterungen und Dokumente, *Gerhart Hauptmann, »Bahnwärter Thiel«*, Stuttgart 2002 (Reclams Universal-Bibliothek, 8125), S. 34.
14 Marx (Anm. 9), S. 272.
15 Ebd.
16 Ebd., S. 273.
17 Zitiert nach: Neuhaus (Anm. 13), S. 35f.
18 Zitiert nach: ebd., S. 38.
19 Zitiert nach: ebd., S. 42.
20 Eberhard von Wiese, »Lokaltermin in Sachen Gerhart Hauptmann«, in: *Breslauer Neueste Nachrichten* vom 24. 1. 1930, 43. Jg., Nr. 23.
21 Martini (Anm. 5), S. 64f.

Raum für Notizen